成语里的文物

张鹏 王辰阳——著

红方块工作室——绘

长江出版传媒 | 长江文艺出版社

北京长江新世纪文化传媒有限公司
出品

目录 CONTENTS

立竿见影	001
滥竽充数	005
祸起萧墙	011
始作俑者	017
循规蹈矩	021
鞍前马后	025
晨钟暮鼓	031
鹤发童颜	037
自相矛盾	043
蕙质兰心	049
车载斗量	053
依葫芦画瓢	057
一网打尽	063
前车之鉴	069
雕梁画栋	073
舞文弄墨	079
大动干戈	085
张冠李戴	091
一鼓作气	095
栉风沐雨	101
舳舻千里	105
百炼成钢	111
盖棺定论	117
牧豕听经	123

如意算盘	129
驷马难追	135
青出于蓝	141
琴瑟和谐	145
釜底抽薪	149
添砖加瓦	155
纸上谈兵	161
鹿死谁手	167
前程似锦	173
郑人买履	179
有的放矢	183
一言九鼎	187
荆钗布裙	193
完璧归赵	199
强弩之末	203
如胶似漆	209
另起炉灶	215
一席之地	221
一模一样	227
瓮中捉鳖	233
觥筹交错	239
心有灵犀	245
声名鹊起	251
万紫千红	255
罄竹难书	261
丢盔弃甲	267

立竿见影

因为对游戏没太大兴趣，朋朋哥哥手机里一直没有安装游戏软件，可身边有不少朋友沉迷其中。你平时会玩游戏吗？其实，游戏有个很突出的特点叫作"即时反馈"，会让人忍不住持续投入时间和精力，而且在很短的时间里，能带来令人兴奋的"战绩"。在如今快节奏的生活和工作状态下，很多人会把目光聚焦在能"立竿见影"的事情上。那么，"立竿见影"这个成语是怎么来的呢？让我们一起来看看。

出处

"立竿见影"比喻在做了一件事情后，能够迅速地收到效果，就像在阳光下竖起竹竿，能立刻看到它的影子一样。

这个成语出现在距今八百多年前的南宋时期。著名思想家朱熹在《参同契考异》一书中说："立竿见影，呼谷传响，岂不灵哉！"大致意思是说：竖起竹竿，立刻就能看到影子；向山谷里呼喊，马上就能听到回音。

冬季太阳低影子长　　　　　　　夏季太阳高影子短

延伸

在现代社会，我们可以通过手表和手机轻松地获取当前的时间。那么，古人是怎样观测时间的呢？原来，古人立起竹竿来观察它的影子的变化，为的就是测算时间！

插在地上的竹竿，在阳光的照射下会产生影子。在长期的生产生活中，人们发现，在炎热的夏天，白天很长，太阳升得很高，竹竿的影子很短；而在寒冷的冬天，白天比夏天要短，太阳也升得比较低，竹竿的影子却变长了。

根据通过影子观察到的规律，聪明的古人发明了圭表、日晷等用来计时的工具，让人们有了年、月、日的概念，从而帮助人们更加合理地安排时间。

圭表是我国最古老的时间测算工具。它由圭和表两样东西组合而成，立在平地上的标杆或者石柱子叫"表"——就是成语"立竿见影"当中的那根"竿"；顺着正南、正北方向，平放在地上的有刻度的尺子，叫"圭"，一般由木头、石头或者玉石制作而成。

目前我们可以见到的古代圭表有很多。2002年，考古工作者在陶寺遗址发掘出土了立表和圭尺。它们由木头制成，表面还绘着彩漆。

文 物

木立表和漆圭尺（陶寺遗址）

陶寺遗址出土的立表和圭尺被用来确定农时节令，说明当时的人们已经开始利用圭表来规划自己的农耕生产了。除陶寺遗址外，考古工作者们还在安徽阜阳的汝阴侯夏侯灶墓中发掘出了圭表和二十八宿圆盘，北京古观象台和紫金山天文台也陈列着古代流传下来的圭表，大家有兴趣的话可以去找找看！

日晷是在圭表的基础上发展起来的测时仪器，包括晷盘和晷针两个部分。

"晷"字最早的意思是"太阳的影子",日晷被放在阳光下,晷针的影子会随着时间的变化移动,以表示不同的时刻。

现在被收藏在中国国家博物馆的托克托日晷,是中国现存最早的日晷,1897年出土于内蒙古自治区托克托县。考古学家研究表明,这是一件汉代的计时工具。由此可以看出,两千多年前的人们对于时间的准确性已经有了比较高的追求。

但是,日晷象征着皇帝所拥有的向天下百姓授时的权力,所以,古代的普通百姓在日常生活中不太可能用到。如果你去故宫的话,不妨在紫禁城的太和殿、乾清宫前找一找它们哦!

二十八宿圆盘和圭表(安徽博物院)

托克托日晷(中国国家博物馆)

想想看:
除了上面讲到的圭表和日晷,古人还会用什么仪器来测算时间呢?

滥竽充数

有些商家为了多赚钱，有时会做出损害消费者利益的事情，比如会把不好的商品混入好的商品里，以次充好。有一天，朋朋哥哥在街边买了一小盒蓝莓，回到家才发现，上层的蓝莓质量很好，可下层已经有好多个都烂掉了，这真是"滥竽充数"啊！相信你也听说过"滥竽充数"，那么，你知道"竽"究竟是什么吗？

出处

"滥竽充数"出自《韩非子》中一个很有意思的故事。战国时期,齐国的诸侯王齐宣王很喜欢听竽的合奏,他特别好面子,也很爱排场,所以每次都要把自己手下的 300 多名乐师召集到一起演奏。因此,有一位根本不会吹竽的南郭先生混了进去,每天装装样子骗工钱,居然没被发现。

> 韩非是战国时期法家的代表人物之一,出身韩国宗室,生于一个贵族之家。《韩非子》这本书是后人在韩非去世后辑集而成的。

没过几年,齐宣王的儿子齐闵王继位。这位新诸侯王不爱合奏,只喜欢听独奏,他要求乐师们轮流单独吹竽给自己听。接到命令

"滥竽充数"的故事

的乐师都拼命练习,而这位南郭先生害怕被发现,连夜逃出了齐国。

　　于是,后世就常用"滥竽充数"来比喻没有真才实学的人混在行家里面凑数,或者比喻拿不好的东西混在好的里面。但有时候这个成语也用来表示自谦,说自己水平不够,只是凑数而已。

延伸

　　"竽"是一种广泛流行于战国时期的乐器,属于古代的簧管乐器,由竹子制作而成,最早有36管,后来减少到23管。竽的外形和我们今天还在演奏的乐器"笙"很像,但是它比笙的个头大,管数也比笙多。相较之下,演奏难度也更高。

竽　　　笙

想想看:
你知道金、石、丝、竹、匏、土、革、木这八类乐器分别是什么吗?

作为一种吹奏乐器，竽有一个共鸣腔。早期的竽把镶嵌簧片的编管插到葫芦里，这个葫芦就成为它的共鸣腔。所以，竽在中国传统乐器中被划分在"匏类乐器"这一类（匏是葫芦的总称），而不是丝竹乐器类别。

竽更多地出现在古代宫廷音乐中。从已经出土的西汉百戏陶俑和东汉石刻百戏画像中，我们就可看出竽在宫廷乐队里的重要地位。

后来，出于实用价值低、学习难度大、演奏不便等原因，竽的使用频率越来越低，逐渐失传。到了宋代之后就再也见不到竽了。而相对大众化程度更高的笙却一直流传至今，我们还能在现代的民乐乐团中看到它的身影。

文物

接下来，我们来认识几位演奏家——奏乐俑。这件文物出土于湖南省马王堆一号墓，现藏于湖南省博物院。这套奏乐俑共有 5 个，其中 2 个

想想看：
你还知道其他类型的陶器吗？试着举几个例子。

奏乐俑（湖南省博物院）

吹竽、3个鼓瑟,他们低额高鼻,墨眉朱唇,穿着交领右衽长袍,雕刻细腻,形象生动,反映了墓主人生前歌舞升平的美好生活。

古代的陶俑可不是摆在家里装饰用的,它们大都用来陪葬。古人畏惧死亡,他们幻想能够让死者在死后的世界里继续生前的生活。所以,陶俑的形态一般都会参照当时人们的日常生活来制作。

吹竽的人有了,有没有出土过真正的竽呢?答案是:当然有。在当年震撼考古界的马王堆汉墓发掘过程中,就曾经出土过一件用作陪葬品的竽。

虽然竽身已经残损,但仍然保留下了23个簧片和4组折叠管,在个别竽管上还看得出有气眼和按孔。在其中的几个簧片上带有银白色的小珠子,专家指出,这些小珠子可以用来改变簧片的重量,方便调整振动的频率,来控制音高。

为什么笙上会有4组折叠的管子呢?其实,这相当于把一个长管折叠起来,类似现代乐器圆号的弯曲号筒,可以避免筒过长造成的不便,同时还能吹奏出较低的音。古人的设计实在是太巧妙了!

在演奏的时候,竽常常会和其他乐器搭配。

> 马王堆汉墓位于湖南省长沙市芙蓉区东郊四千米处的马王堆乡,是西汉初期长沙国丞相、轪侯利苍的家族墓地,被评为世界十大古墓稀世珍宝之一,出土各类文物3000余件。墓葬中保存着一具历经两千余年而不腐的著名女尸——辛追夫人。

竽(湖南省博物馆)

战国至秦汉之时曾经盛行"竽瑟之乐",即吹奏乐器"竽"与弹拨乐器"瑟"合奏,是当时统治者歌舞宴饮场合中常见的一种器乐演奏形式。战国时期,竽还会和笙一起演奏。由于笙的演奏在古代属于相当高的礼数,所以通常用于大型的典礼。

除了我们讲到的竽、笙之外,你还能列举出哪些"竹字头"的乐器呢?

祸起萧墙

当一家企业因为经营不善而倒闭的时候，我们常听到大人说"祸起萧墙"。唐代诗人王翰也在《古长城吟》中写道："一朝祸起萧墙内，渭水咸阳不复都。"他认为秦朝灭亡是因为修筑长城，百姓们被奴役所造成的，祸乱来自秦朝内部。那么，"祸起萧墙"是怎么来的？到底什么是萧墙呢？

出处

相信很多小朋友都读过《论语》，"祸起萧墙"这个成语就出自《论语·季氏篇》。

春秋时期，鲁国的国君将费邑赐给了有功的臣子季友，下令他的子孙可以世世代代为"上卿"，也就是高级官员。没想到，后来季氏子孙势力越来越强大，常常和国君发生冲突，这让国君很不开心。

鲁国有个很小的附属国叫作颛臾，就在费邑的附近，季氏子孙害怕颛臾会帮着国君来对付自己，所以就想先下手为强，除掉颛臾这个小国家。

孔子的弟子冉有和季路把这件事情告诉孔子，孔

> 《论语》记录了孔子和他的弟子们的言行，由孔子的弟子以及再传弟子编写，并非孔子本人所著。

孔子教育冉有和季路

子说："吾恐季孙之忧，不在颛臾，而在萧墙之内也。"意思是说，我恐怕季氏的担忧不在颛臾，而是在鲁国的内部吧。于是，后人就用"祸起萧墙"比喻问题或灾祸是从内部开始发生的，也常常比喻是身边的人带来了灾祸。

延伸

"萧墙"，可不是普通的墙壁，而是指立在宫殿门口位置的一面墙壁。这里的"萧"是个通假字，通严肃的"肃"。按照那时的规矩，大臣在拜见国君时，走到这面墙的位置，就要严肃尊敬。与它功能相似且使用范围更广并流传到今天的，是影壁，不分贵贱，普通人家都可以使用，很多古建筑甚至现代建筑里都能见到。

根据考古发现，早在西周的时候就已经有影壁了。大到皇家建筑，小到民居住宅，我们常会看到影壁的身影。影壁的材质多种多样，有的是用普通的砖块砌筑起来的，有的则是用珍贵的材料搭建而成，比如琉璃瓦、大理石等。

影壁的位置不完全相同。有的在正对大门的外侧，有的在里侧，还有的就在大门的两边。不同位置的影壁可以起到不同的作用。比如，大门里面的影壁，可以遮挡外人的视线，更好地保护主人家的隐私；大门外面的影壁，可以划定范围，也可以用来指示道路，或是增加大门的气势。

想想看：如果让你来设计影壁上的图案，你会设计成什么样子呢？

影壁上的装饰图案也多种多样。有动物形态，如龙、凤凰、麒麟、仙鹤等；有植物图案，如梅、兰、竹、菊；还有其他表达美好寓意的传统纹样，如回字纹、云纹、水纹等。

文物

首先要介绍的这座影壁，个头不小，来头也不小。它就是紫禁城里的九龙壁，位于宁寿宫的正门——皇极门的正对面。

这座影壁的主体部分是由 270 块各色的琉璃砖拼合而成，墙面大约有

九龙壁（故宫博物院）

70平方米，展示了九条盘曲蜿蜒、颜色不同的巨龙。如果我们仔细观察就会发现，每条龙的姿势都是不一样的。最中间的是一条黄色的坐龙，它的左右两边，各有四条蓝色、白色、紫色和黄色巨龙，向上飞的叫升龙，向下飞的叫降龙。

关于九龙壁，还有一个小故事呢！相传工匠们在烧造白龙腹部的琉璃砖时，不小心烧坏了，但皇家的部件都有固定数目，没有多余的材料。工匠们害怕皇帝怪罪，就用木头雕了一块砖，再刷上白漆，以假乱真。如果你有机会去故宫，不妨找找看，这块木砖究竟在哪里。

其实，保存至今的古代九龙壁不止这一座，还有一座在北京的北海公园，另一座在山西大同。

> 紫禁城，就是指现在的北京故宫，是明清两代皇帝的皇宫。宁寿宫是清代乾隆皇帝修建的宫殿，为的是自己退位以后居住，就像是套在皇宫里的一个小皇宫。

我们再介绍一座位于湖北襄阳的影壁，它的主人是明襄藩王朱瞻墡，影壁就在他的王府中。明代末年，农民起义领袖李自成在襄阳称王，把明王府一把火烧了个干净，只留下这座影壁。因为它的制作材料是青绿色的绿矾石，所以被称作绿影壁。

绿影壁的长度有 25 米，中间比较高的地方有 7 米多，看上去非常霸气。同时，在影壁上一共雕刻着 99 条龙，栩栩如生。为什么是 99 条呢？

相传，这座影壁上曾有 100 条龙，共同守护影壁上的一颗夜明珠，尽管很多

绿影壁（湖北省襄阳市襄城区）

人都想把夜明珠据为己有，但都没有成功。后来，这颗夜明珠被一个传教士得到了，其中一条龙就从影壁上飞出来，去追这名传教士。可是天降暴雨，传教士的船翻了，人被淹死，夜明珠也不知所踪。这条龙无颜再回到影壁上，所以影壁上只剩下 99 条龙了。

虽然这只是个神话传说，但绿影壁却真实存在，经历了五百多年的风雨，依然矗立在我们面前。

始作俑者

有一段时间，办公室门口总是会出现奇怪的异味，同事们都怀疑是不是有东西坏掉了，但是找了半天都没有找到。直到有一天，打扫卫生的阿姨在柜子底层发现了一只死老鼠……原来，始作俑者居然是隔壁公司养的猫，它把口粮藏到了柜子里，自己却忘掉了。于是我们对它进行了深刻的思想教育。也许你发现了，朋朋哥哥用到了"始作俑者"这个成语，它是什么意思呢？

出处

"始作俑者"出自《孟子》一书。《孟子》是儒家的四部经典著作之一，它记录了战国时期思想家孟子的治国思想和政治策略。

当时，孟子为了实现自己的治国主张，主动到各个国家游说。孟子到了魏国后，见到国君梁惠王，告诉他："用政治杀人和用刀棍杀人是一样的，国家统治者生活奢侈，百姓却饿死在路边，这不就像是官员们带着野兽吃人一样吗？"之后，孟子说："仲尼曰：'始作俑者，其无后乎。'"意思是说：那些最先做坏事的人，应该断子绝孙。

孔子为什么会说"始作俑者"呢？是说第一个用俑欺骗了祖先和神明的人，开了个坏头儿，应该受到严厉的惩罚。

> 儒家四部经典著作包括《论语》《孟子》《大学》《中庸》，合称"四书"。它们蕴含了儒家思想的核心内容，在中华思想史上产生了深远的影响。

延伸

"俑"就是人偶，有眼睛、有鼻子、有头发。它们通常是木制或陶制，也有少量用瓷、石头或者金属等材料制作而成。

起初，尤其是在商代和西周时期，贵族们死后陪葬用的都是真人，有奴隶，也有士兵，是不是很残忍？所以，从春秋战国时期开始，就慢慢流行用"俑"来代替真人陪葬，这个方法一直沿用到了明朝。

世界上最著名的陶俑就是秦始皇陵兵马俑。它坐落在陕西西安，是独属于秦始皇的陪葬"军队"。

从秦汉到隋唐，陶器产量多，价格相对便宜，许多普通百姓也都能够负担得起，是陶俑最为盛行的时候。唐代时出现了三彩釉陶器，就是我们常说的"唐三彩"，虽然看上去很漂亮，但它也是当时的陪葬品。

兵马俑

唐三彩

从宋代开始，民间流行"薄葬"，陶制品和木制品逐渐被纸质陪葬品所替代。这些专门为陪葬而制作的器物也叫明器（即冥器），一直沿用至今。

提到陶俑，就不得不说被誉为"汉代第一俑"的东汉击鼓说唱俑，这个陶俑的个头只有 56 厘米，还没有同学们的课桌高呢！它是用泥质灰陶制成的，原本上面有彩绘，但因为时间太久，已经脱落了。

说唱俑身材矮胖，是当时的俳优艺人形象。它左手抱着鼓，右手拿着鼓槌，只穿着裤子，蹲坐在地上，右腿高高跷起来，笑得都没有眼睛了，挥动着胳膊，完全沉浸在自己的说唱世界里。

文物

和这件说唱俑同时期出土的还有许多其他造型的汉代陶俑，包括劳作俑、伎乐俑和武士俑等，主要塑造的是当时社会中各个阶层的人物，它们的形象和动作生动活泼，相比秦代的兵马俑也更富有生活情趣。

> 古代，人们把主要从事乐舞谐戏的艺人叫作俳优。在汉代尤其流行，《史记》《汉书》中均有记载，他们算是中国最早的"说唱歌手"了。

汉代人为什么会用这么多陶俑陪葬呢？其实，这是因为汉代人"事死如事生"，意思是说，人死后的待遇要和生前一样。所以他们就会做许多陶俑，来陪伴自己死后的生活。

这个持镜的女孩大概是所有陶俑里最漂亮的一个了。

她跪坐着，头上戴着漂亮的发饰，左右两边各插着一朵花，耳朵上还有串珠的耳环，抬着头正冲着我们笑。她的右手放在膝盖上，左手拿着一个圆圆的镜子。也有人认为她手里拿的是团扇。所以，关于持镜俑的命名，学界还有争议。

> 想想看：铜镜的背后有一个纽，这个纽是用来做什么的？

击鼓说唱俑（中国国家博物馆）

东汉陶持镜俑（四川博物院）

循规蹈矩

朋朋哥哥家里一直都有个规矩,就是在餐桌上一定要等长辈先动筷,小辈才能开始吃饭。这个规矩从我记事时就有了。小时候,家长和老师也会告诉我们很多生活中的"规矩",比如:站有站相,坐有坐相;在家尊敬爸爸妈妈,在学校尊重老师;和自己的同学、小伙伴们相处要讲礼貌……可是,大家有没有想过,"规矩"究竟是什么呢?

出处

著名思想家朱熹写过一篇《答方宾王书》,文中有这样一句话:"循涂守辙,犹言循规蹈矩云尔。""涂"是道路,"辙"是车轮的痕迹,它们在这里比喻的是规则和规矩。因此,"循规蹈矩"就是遵守规矩、按照规则的要求来做事的意思。

现在,这个成语有时候也会被用来形容人拘泥于陈旧的规则,不敢做出变通。

延伸

规,就是圆规,是用来画圆形的工具;矩,是用来画直角、正方形和长方形的尺子。考古学家在西安半坡遗址和临潼姜寨遗址发现了规整的圆形和方形房屋,这说明六千多年前的人们已经开始使用规和矩了。

规　　　　　　　矩

想想看:"模范"这个词是怎么来的?(小提示:和"规矩"的来源有着异曲同工之处哦!)

规和矩最早是木匠用来测绘的工具。木匠在建造房屋的时候使用这些工具,使房子的结构更加坚固、结实。后来,人们把规和矩合在一起,产生了"规矩"这个词,引申出法则、章程、标准的含义,来比喻做人做事的标准和社会的法则。

了解了"规"和"矩"之后，我们来看看第一件文物。

唐代的《伏羲女娲图》被收藏在新疆维吾尔自治区博物馆。这幅绢画是由考古工作者在一座唐代古墓的顶部发现的，古人希望死去的亲人能够进入天庭，而古代神话传说中的伏羲和女娲这两位天神就象征着天庭。

绢画的伏羲和女娲周围，环绕着太阳、月亮和星辰，代表着整个宇宙；而伏羲和女娲手里分别拿着规和矩，代表着他们能够规划天地万物，掌管宇宙间的一切，显示出他们就是万事万物的主宰者。从这幅绢画来看，规和矩已经是一种社会法则的象征了。

第二件文物是收藏在陕西省扶风县博物馆的汉代规矩镜。这件铜镜是 1974 年由扶风县博物馆的工作人员从天度镇闫马村征集而来的。

文物

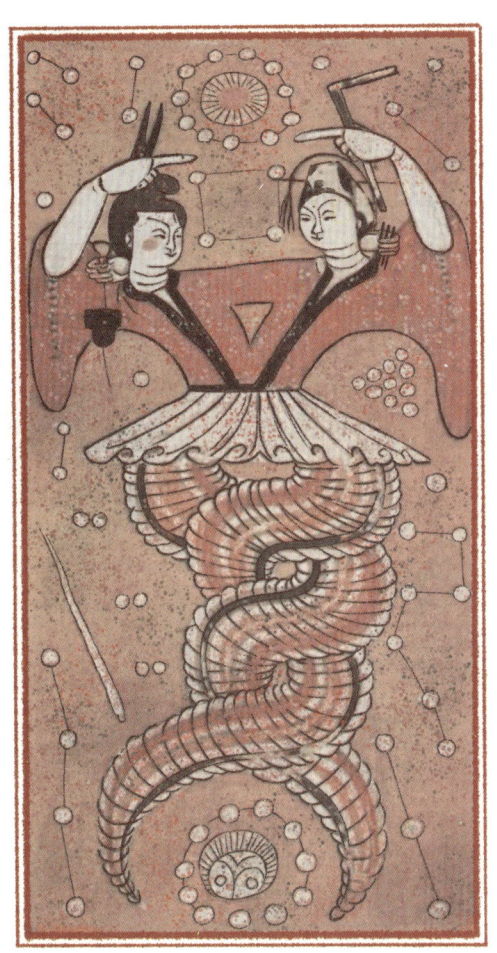

《伏羲女娲图》绢画（新疆维吾尔自治区博物馆）

想想看：
在中国神话传说中，伏羲和女娲在经历一场大灾难之后结为夫妻，并且不断繁衍子孙后代，被后人尊为创造世界的天神。你还知道哪些关于他们的神话故事？

四神规矩镜（陕西省扶风县博物馆）

想想看：从"准"这个仪器能够延伸出哪些词语呢？

在铜镜背面的中间，有三种类似T、L、V形状的纹饰。这也是所有规矩镜的共同特点，因此国外有学者称规矩镜为"TLV镜"。

很多专家认为，L和V所表示的就是"规"和"矩"，而T则象征着另一种测量工具——准。准是一种测量水平程度的仪器，通常与规和矩组合使用。因此，规、矩、准的纹饰共同出现在铜镜上，表现出了当时人们对宇宙和自然的认识和探索。

鞍前马后

你看过《西游记》吗？还记得小时候朋朋哥哥看电视剧，印象最深的就是师父唐僧骑着白龙马，三个徒弟在左右跟随保护，帮师父挑着行李的画面。三个徒弟陪着师父渡过难关，一起去西天求取真经。后来，我找到了一个特别贴切的成语，可以用来形容这三个徒弟跟着师父的状态，那就是"鞍前马后"。

出处

"鞍前马后"的意思是奔忙于马的前后,跟随在左右,服务得非常周到。后来也形容有的人殷勤地伺候主人或者上司。

根据《汉语大词典》记录,"鞍前马后"这个成语源自京剧《杜鹃山》的唱词:"鞍前马后跟你跑,出生入死为你干。"这句话的意思是说,我一直在左右跟随着你,冒着生命危险为你效劳。

而关于这个成语的故事最早出现在清代白话小说《说岳全传》中。岳飞带着随从张保渡河,遇上了船家王横。王横对岳飞非常仰慕,想偷一匹马作为见面礼去投靠岳飞。但他不认识岳飞,偏偏看中了岳飞的马,正准备偷,却被张保发现,大打出手。在交手的过程中,岳飞发现了王横的本领,王横也知道了眼前的人正是岳飞。于是,岳飞答应带王横去前线杀敌。一路上,张保和王横在岳飞的马前马后相互追赶打闹,岳飞就笑着说:"这叫作'马前张保,马后王横'啊!"

不过,"鞍前马后"和"马前马后"还是有很大差别的。直到出现在京剧《杜鹃山》的唱词里,这个成语的含义才更加丰富,也更接近我们今天所理解的意思。

岳飞

延伸

你知道马鞍是什么时候出现的吗？根据考古学家研究，目前已知最早的马鞍出现在著名的秦始皇陵中。不过，这个时期的马鞍还只是个雏形。

直到汉代晚期，马鞍的形状才有了较大的改变，具备了前后鞍桥——马鞍两端翘起的部分。西晋以后，马鞍基本上发展成熟。后鞍桥变低，上马时会更加方便，同时也更加美观。

马鞍的出现和不断改进，使得骑马变得更加舒适便捷。

想想看：
对于骑马的人来说，马鞍有什么作用？

马鞍的演变

文物

鎏金银鞍桥（中国国家博物馆）

接下来，我们来看一下收藏在博物馆里的相关文物。

第一件文物是收藏在中国国家博物馆的辽代鎏金银鞍桥。这一套鞍桥饰品，是由考古工作者于1954年在内蒙古自治区赤峰市的辽代驸马墓里发掘出土的。

我们前面讲到，鞍桥是指马鞍两端翘起来的部分。其主体最初是由木头制作而成的，但在外侧会钉有金、银一类的包片。这些金属包片，既可以保护里面的木头，又可以装饰马具。

辽是公元916年由契丹族首领耶律阿保机建立的政权。契丹族是鲜卑族的一支，属于我国北方的古老民族之一，他们主要活动在辽河以西的地区，主要的经济活动是游牧和渔猎。所以说，马是契丹人日常生活中不可或缺的伙伴。契丹人善于骑马，也很爱马，非常重视马具的制作和装饰。

在已经发掘的辽墓中，最常见的随葬品也是马具。从这件鎏金银鞍桥就可以看出，契丹族的马具装饰工艺非常高超。

第二件文物是收藏在西安博物院的彩绘骑马狩猎陶俑。这一组陶俑共包括5件，是1991年10月由考古工作者在西安市东郊豁口唐墓发掘出土的。专家们根据墓志铭判断，这座墓葬的年代是唐代开元十二年，也就是公元724年，距今已有1000多年的历史了。

陶俑中的五个人都骑着马，其中一个人举着猎鹰，有的马上还驮着猎狗和猎豹。从人物的面部特征来看，他们大部分深目高鼻、颧骨突出，是西域的胡人形象。猎鹰的双眼紧张地注视着周围的一切；猎狗的两只耳朵直直地竖起来，眼睛注视着前方；猎豹的神情也非常紧张。这一组彩绘陶俑，惟妙惟肖地表现了狩猎时的紧张刺激。

再看看这五匹马，个头都非常高大，马鞍前高后低，便于骑手们上马和下马。著名的文物专家孙机先生将这种马鞍命名为"后桥倾斜鞍"。这种改良后的马鞍一直沿用到清代。

想想看：
除了马鞍之外，你还知道哪些马具呢？

彩绘骑马狩猎俑（西安博物院）

晨钟暮鼓

在"立竿见影"这个成语里,我们讲到古代人如何测算时间,那么,测得时间之后,又是怎样通知百姓的呢?最早,每个城池的城楼之上会击鼓报时,但是鼓声传播的范围十分有限。到了南北朝时期,南朝齐武帝为了在宫中听见报时声,开创了晨起撞钟、晚上击鼓的先河。后来"晨钟暮鼓"成为一个成语,用在我们平时交流的语言中。

出处

"晨钟暮鼓"指的是寺庙中早晚报时的钟鼓声。最早的时候,也作"朝钟暮鼓",出自晚唐诗人李咸用的《山中》。

> **山 中**
> 唐·李咸用
>
> 一簇烟霞荣辱外,秋山留得傍檐楹。
> 朝钟暮鼓不到耳,明月孤云长挂情。
> 世上路岐何缭绕,水边蓑笠称平生。
> 寻思阮籍当时意,岂是途穷泣利名。

"晨钟暮鼓"多用于宋代文人们的诗词中。北宋欧阳修所作的《庐山高》中写道:"但见丹霞翠壁远近映楼阁,晨钟暮鼓杳霭罗幡幢。"南宋诗人陆游的《短歌行》中,第一句便是"百年鼎鼎世共悲,晨钟暮鼓无休时"。感兴趣的小朋友,可以把这两首诗词找出来读一读。

"晨钟暮鼓"的原义是早晨和晚上都会撞钟敲鼓,而它的引申义不仅形容时光的流逝,也比喻可以让人醒悟励志的话语。比如:老师教导我们"少年强,则国强",如晨钟暮鼓,激励我们成长!

延伸

关于钟,有许多特别简单、直接的解释。《广雅·释器》解释:"钟,铃也。"也就是说,钟算是一种铃铛。东汉许慎的《说文》更是耿直,直接说:"钟者,可捶之物",就是说"钟"是可以锤击、撞击的东西。

古代的钟

最早的钟是指中国古代传统的打击乐器，形状扁圆而中空，起源于商朝，多为青铜制。因为通常会以一组的形式挂在木架上，故又称"编钟"，在演奏时，人们用小木槌击奏。最出名的编钟就是"曾侯乙编钟"。

后来，钟就被广泛地应用于报时和警示了。

作为打击乐器的青铜钟

文物

在北京的大钟寺古钟博物馆中，有六百余口大小不一的古钟，其中"永乐大钟"最为著名，有着"古代钟王"之称。

永乐大钟是明代永乐年间铸造的。铜钟悬挂在大钟楼中央巨架上，高6米有余，大约是现在的两层楼那么高。直径3.3米，需要3~4个成年人张开双臂才能抱住。

"永乐大钟"的总重量大约是46.5吨，要知道，即便是陆地上最重的动物非洲象，最重的才只有8吨。这只永乐大钟的重量相当于6头最重的成年非洲象的重量相加，可见大钟之重。

大钟上铸有23万多字的经文。相当于俄国作家高尔基的自传体小说《童年》的

永乐大钟（大钟寺古钟博物馆）

想想看：
这么重的大钟，在没有起重机的古代，是如何被悬挂在高楼之上的呢？

字数。

撞击大钟时，大钟发出的声音可以传播四五十里。当悠扬的钟声响起，人们从四面八方会集而来，该有多热闹啊！

"晨钟暮鼓"既然有报时的作用，就会被用来维持生活秩序，进行城市管理。所以，古代城市里通常都会建有钟鼓楼。随着城市范围不断扩大，管理者们对钟鼓楼也越来越重视，钟鼓楼也越修越宏伟。

钟鼓楼一般位于城市中心附近，钟楼一般在东，鼓楼在西。其中，最典型的要数陕西省西安市的钟鼓楼了。

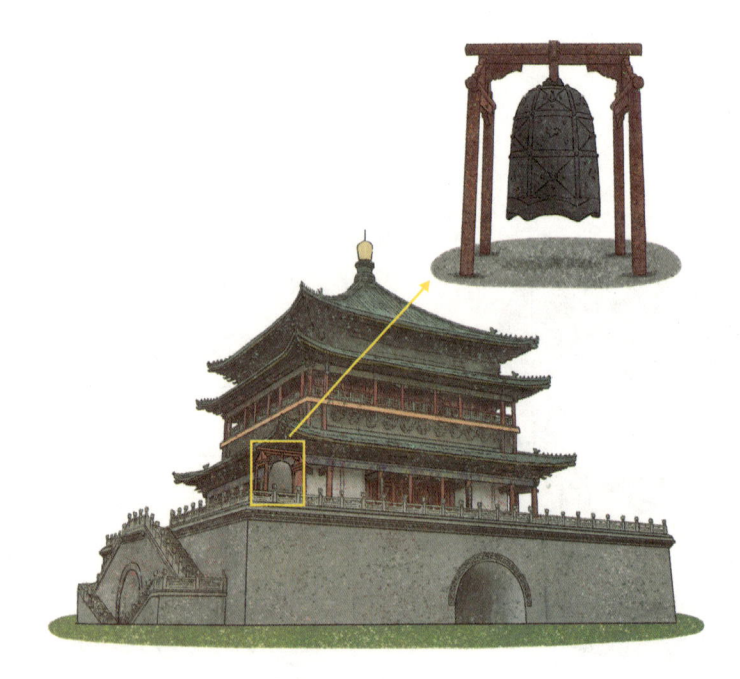

西安钟鼓楼（陕西省西安市）

西安钟鼓楼是钟楼和鼓楼的合称，关于西安钟楼的建设还有一个传说。相传，明太祖朱元璋当上皇帝后不久，当时的长安一带常常发生地震。民间人士说，长安城下有条暗河，河里有条蛟龙，蛟龙翻身，长安就会地震。于是，朱元璋下令修筑一座最大的钟楼，并调来景云钟镇住蛟龙。

钟楼自洪武（明太祖朱元璋在位时期的年号）十七年，也就是公元1384年开始修筑，按照皇家建筑级别建成。自从建好以后又经历了许多次地震。明代嘉靖三十四年腊月，即公元1556年1月，就曾爆发过一场震级为8～8.3的大地震，波及了相当于现在的陕西、山东、江苏等十多个省，余震在半年之内每个月都会有三到五次。可是这座钟楼却始终十分稳固，完好无损，令人惊叹。

想想看："晨钟暮鼓"的鼓，又有什么渊源呢？

鹤发童颜

朋朋哥哥经常在公园里见到精神抖擞的老人家，有的打太极拳，有的舞剑，还有的会利用健身器材锻炼身体。中国人经常称赞老人家"鹤发童颜"，说的是老人满头的白发像仙鹤的羽毛一般雪白，红润的面色像儿童的脸色一样，形容老人家气色好，身体健康。在古代，为什么会用鹤来代表长寿、吉祥呢？让我们一起探寻一下。

出处

"鹤发童颜"这个成语,出自唐代诗人田颖的《玉山堂诗文集·梦游罗浮》一诗:"自言非神亦非仙,鹤发童颜古无比。"

古人最喜欢的飞禽,除了神话中的凤凰和赫赫有名的孔雀,大概就是仙鹤了。我们常说的仙鹤,其实就是丹顶鹤。丹顶鹤是中国珍稀的大型涉禽,涉禽就是那些生活在沼泽和水边的鸟类。

丹顶鹤一般体长120~160厘米,羽毛洁白。它的脖颈、喙和腿,都比较纤长。长长的脖颈和嘴巴,可以更容易吃到泥水中的小鱼虾;而长长的腿能帮助它们探知泥水的深浅,防止陷入泥水中。

延伸

丹顶鹤一般生活在沼泽、湖泊、海边滩涂等地带,因此又被人们称为"湿地之神"。四月中旬是丹顶鹤繁殖的季节,每当黎明或黄昏,年轻的鹤群便引吭高歌,希望得到异性的关注。它们的鸣叫声高亢、响亮,因此《诗经》上说:"鹤鸣于九皋,声闻于天。"意思是仙鹤在沼泽的鸣叫声,天上都能听得到。

相传,丹顶鹤所居住的地方,不是寻常人能到达的,这与

> 想想看:你读过《伊索寓言》中"狐狸与仙鹤"的故事吗?它给你带来了什么启示?

丹顶鹤

> **山园小梅**
> 宋·林逋
>
> 众芳摇落独暄妍，占尽风情向小园。
> 疏影横斜水清浅，暗香浮动月黄昏。
> 霜禽欲下先偷眼，粉蝶如知合断魂。
> 幸有微吟可相狎，不须檀板共金樽。

古代隐居山林的君子的志趣相同。宋代有一位著名的隐士林逋，字君复，又称和靖先生、林和靖。他隐居在杭州孤山，一生未娶，但他喜欢梅花，还养了很多丹顶鹤，人称"梅妻鹤子"，意思是以梅为妻、以鹤为子，生活恬然自适。他有一首特别有名的诗叫《山园小梅》，其中一句"疏影横斜水清浅，暗香浮动月黄昏"最让人念念不忘。

除了象征着清高的君子之风，鹤还颇有些神秘色彩。因为仙鹤身姿轻盈，又善于奔驰飞翔，古人认为，在山林间住着的仙人，会乘着仙鹤出行。慢慢地，仙鹤就变成家喻户晓的吉祥形象了。

仙人乘鹤

文物

仙鹤的形象多被用在影壁、绘画、瓷器、雕塑等艺术作品上,例如故宫太和殿前的青铜仙鹤。

铜鹤的嘴巴大大地张开,伸着长长的脖颈,踏着铜质的假山,像是要张开翅膀、冲上云霄。巧妙的是,铜鹤的肚子是空心的。每当太和殿举行大典时,人们会在铜鹤腹中点燃香料,它张开的嘴巴里便吐出云雾,增添许多神圣色彩。

太和殿是紫禁城中等级最高、规模最大的宫殿,是皇帝在重要节日时用来祭祀、宴请、举行盛典的场所,比如皇帝登基、大婚、出征等。因此太和殿前的陈

乾清宫铜鹤(故宫博物院)　　太和殿铜鹤(故宫博物院)

列极为重要,象征着帝王的长命百岁和江山永固。

不仅是太和殿,在乾清宫、坤宁宫前也都有铜鹤。只不过,不同宫殿前的铜鹤形象是不一样的。太和殿的铜鹤长有尾巴,张着嘴,昂首向前;坤宁宫前的铜鹤则伸着头、闭着嘴;而乾清宫前的仙鹤居然是秃尾巴的。

我们再来看清代虚谷所作名画《松鹤中堂轴》(又称《松鹤延年图》)上的仙鹤。鹤的一般寿命为50～60岁,因此常常与四季常青的松树联系在一起,象征长寿,被称为"松鹤延年"。

这幅名画出自晚清画家虚谷之手。虚谷的本名叫朱怀仁,有着"晚清画苑第一家"美誉。他曾是清军的参将,奉命镇压过太平天国的农民起义。面对穷苦艰难的百姓,他感慨万千,后来就出家为僧。他不吃素,也不礼佛,常常往来于上海、苏州、扬州一带,以卖画为生,说自己"闲来写出三千幅,行乞人间作饭钱"。

《松鹤中堂轴》(苏州博物馆)

我们端详一下这幅画，只见地上开着错落茂盛的黄菊，黄菊旁苍劲的松树像是要生长到天上去，细细的藤萝又像是从天上撒下来，落到了白鹤的一只脚下。这只白鹤一爪举在胸前，一爪轻轻踏在地上，好像在闲庭信步，悠然自得。它的一双眼睛炯炯有神，注视远方。

　　或许只有志趣高洁的画家，才能够画出这样韵味独特的画作吧！

自相矛盾

你有没有听过一句广告词"今年过节不收礼，收礼只收×××"？这应该是全国人民最熟悉的广告词了，但是仔细一分析，你就会发现，这广告词的前后句意思冲突了呀！我们在生活中也经常会遇到这类前后言行不一致的情况，用一个成语来形容，那就是"自相矛盾"。"矛"和"盾"原本是古代的两样兵器，你有没有想过，这个成语是如何演变而来的？

出处

这个成语的源头要从一则收录在《韩非子》中的寓言故事说起。春秋战国时期，一个楚国人在街上叫卖自己的矛和盾，他夸口说："我的矛很锐利，没有什么盾牌是它刺不破的。"大家半信半疑，没有人理他。他见人没有反应，就把矛收起来，拿出一块盾牌，大言不惭地说："我的盾很坚固，没有什么武器能刺破它。"这个时候，有人质问他说："那么，你的矛，能不能刺破你的盾呢？"他一时间不知道该怎么回答，只好扛着矛和盾灰溜溜地逃走了。

这个楚国人单方面夸大了矛和盾的作用，结果出现了这种逻辑不通的尴尬局面。因此，"矛盾"便产生了新的意思，指事物之间对立的关系。"自相矛盾"这个成语用来比喻做事、说话前后逻辑自相抵触。

自相矛盾的故事

延伸

矛的历史非常久远，可以追溯到原始社会。最初，我们的祖先把长木棒的一端削尖，用它来刺鱼和打猎，这大概就是人类使用矛的开端。后来人们发现，木头很容易被磨平或者损坏，于是就开始寻找更加坚硬和锋利的替代品。

他们逐渐开始学会将石头、兽骨磨尖，做成矛头，绑在木棒上，提高杀伤力。随着铜、铁等矿石的发现和冶炼、锻造技术的不断提升，青铜矛、铁矛和钢矛等兵器也一一出现。

在战争中，矛可以用来刺杀敌人。而早在商代，我国古人就发明了盾，来抵挡矛的进攻。直到清代，士兵还使用盾牌作为防御的武器。

矛与盾

想想看：除了矛和盾，你还知道哪些古代的兵器？它们有什么特征呢？

文物

古人的矛与盾到现在还有遗存吗？当然有。我们先来认识一件非常珍贵的文物——吴王夫差矛。

吴王夫差青铜矛，出土于湖北省江陵县，全长29.5厘米。矛身装饰黑色"米"字几何花纹。上面清晰可见的有八字铭文："吴王夫差自作用鈼（zuó）"。铭文最末一字"鈼"在文献中还没有出现过。经过辨识，专家们虽然看法不一，但一致认为应该指的是古代矛类兵器。

虽然历经两千多年，吴王夫差青铜矛的刀刃却依然锋利，几乎没有锈迹。是什么技术让它历经千年依旧锋利如初呢？据专家鉴定发现，吴王夫差青铜矛使用了复合金属工

吴王夫差青铜矛（湖北省博物馆）

艺，使矛身既坚韧又锋利，表面还含有硫化铜，能够有效防锈。要知道，硫化铜防锈技术是近代才被广泛运用的，而我们的祖先居然在两千多年前就开始使用了，可见祖先们是多么聪明！

接下来我们再来说说盾。《说文解字》中记录："盾，象形字，上面象盾形，下面是'目'，表示以盾蔽目（这里的"目"指代身体），多作为防御武器。"

在已经出土的盾中，最典型的要数陕西省西安市出土的秦铜盾了。秦铜盾是迄今发现的年代最早、最完整的青铜盾，它在秦始皇帝陵 K9801 陪葬坑出土，当时放置在一号车御手右方的箭箙（fú）内，"御手"就是驾驭车的人，"箭箙"就是放在车上的箭匣子。

秦铜盾是按照当时盾的实际尺寸缩小了一半，一次铸造而成。盾的头部是方形的，肩部呈弧形，底部为平底，背面有一个握手，便于手持作战。

铜盾内外两面均为变相的夔（kuí）龙纹彩绘纹样，龙体屈曲，作飞腾状，所以又名龙盾，这种纹饰在殷商时期就已经出现。盾表面的青铜饰品，大多制成狰狞的兽面或人面，用来威吓

秦铜盾（秦始皇帝陵博物院）

敌人。我们在博物馆中常见的簋（guǐ）、卣（yǒu）、觚（gū）、彝和尊等器皿上，大多也有这样的装饰。

铜盾固然坚固无比，可是它那么重，用手拿着作战的话，是不是反而增加了体力消耗呢？

其实，古人最初的盾牌是用木、竹、藤、革等材料制成的。其中，用木和革制作盾牌的历史最悠久，因为材料轻便、容易获取，所以作战中应用也最普遍。而秦始皇陵陪葬坑出土的这件铜盾，一般用于军队仪仗，很少出现在战场上。

蕙质兰心

说起来，朋朋哥哥也曾经想过养兰花，感觉整个办公室的格调马上就会变得不一样，但后来想想，像我这样连绿萝都会养死掉的人，还是不要做这样勇敢的尝试了，还是在古人咏兰的成语诗词里，感受兰花的气度就可以了。我的身边有好几个朋友，尤其是女生，名字里都有个"兰"字，我猜想，她们的父母都希望她们可以像兰花一样清丽，既温柔可人，又有气节。你还别说，这几个朋友的性格还真是这样的！下面，我想讲的就是"蕙质兰心"这个成语。

出处

"蕙质兰心"这个成语出自宋代词人柳永的《离别难》,原词是:"有天然,蕙质兰心。美韶容,何啻值千金。"大意是说,有一位佳人,不仅心地善良、品格高雅,还有千金难买的美丽容颜。这么看来,"蕙质兰心"大多用于描述女子清丽可人、婉约美好。

"蕙"其实是一种香草,"兰"指的是兰花,因此"蕙质兰心"的表面意思就是:像蕙草一样的质地、像兰花一样的心灵,延伸开来,就成了对女子的夸赞。

延伸

兰花是中国传统名花,俗称"中国兰"。中国兰茎叶细长,花朵清淡幽香,从内而外透着宁静质朴、高雅淡洁的气质。

在春秋时期,兰花就是君子的象征,孔子曾说:"芝兰生幽谷,不以无人而不芳;君子修道立德,不为穷困而改节。"意思就是,兰花高洁脱俗,和君子的品格一样,是不会随意改变的。

蕙质兰心　　　　　　　　兰花

到了魏晋时期，人们认为高洁优雅的兰花与魏晋文人的气质相符合，所以很喜欢栽培兰花，用兰花来点缀庭院。东晋大书法家王羲之钟爱兰花，住所也被命名为"兰亭"，据说他从兰花临风摇曳的姿态中揣摩出了书法的笔意，天下第一行书《兰亭集序》就是在兰亭写的。

除此之外，我们熟知的东晋诗人陶渊明及宋代哲学家朱熹、书法家黄庭坚也都很喜欢兰花。

文物

我们来看与兰花有关的第一件文物——南宋赵孟坚的《墨兰图》。这是一幅水墨画，仅凭单调的墨色，就画出了兰花婀娜的姿态。赵孟坚是怎么做到的呢？

其实，水墨画就是通过调整水的比例来控制墨汁的浓度，从而呈现深浅不一的墨色。在这幅作品中，赵孟坚用淡墨画出的两株春兰，向四周伸展，迎风披拂，舒卷又有力道；用浓墨点缀盛开的兰花，像蝴蝶一样翻飞起舞，给人一种清新爽快的感觉。

赵孟坚《墨兰图》卷（故宫博物院）

图上的题诗中有这样一句:"六月衡湘暑气蒸,幽香一喷冰人清。"意思是,在天气炎热的六月,兰花的清香如冰雪一般让人感觉清凉舒爽。由此可见,从那个时候起,兰花高洁脱俗的形象就已经非常深入人心了。

> 你知道吗?《墨兰图》的作者赵孟坚,就是宋末元初书画大家赵孟𫖯的哥哥。赵孟𫖯与欧阳询、颜真卿、柳公权,并称"楷书四大家"。

> 想想看:你还知道有关兰花的其他文学作品吗?

我们再来看一幅同是以"兰花"为主题的作品——清代郑燮的《兰花图》。

在这幅图中有三丛兰花。兰叶用浓墨画出,飘逸俊秀;兰花用淡墨画出,花心用浓墨点染,表现出兰花的幽香脱俗和生机勃勃。

郑燮,号板桥,是乾隆时期的进士,擅长画竹、兰、石。这幅画和赵孟坚的《墨兰图》用墨和绘画方法完全不一样。郑板桥将草书、隶书的书法技巧融入画兰花的过程中,书、画结合,这样画出的兰花就更加飘逸,姿态就更加传神。

他还曾写过一首诗来赞美兰花:

此是幽贞一种花,不求闻达只烟霞。
采樵或恐通来径,更写高山一片遮。

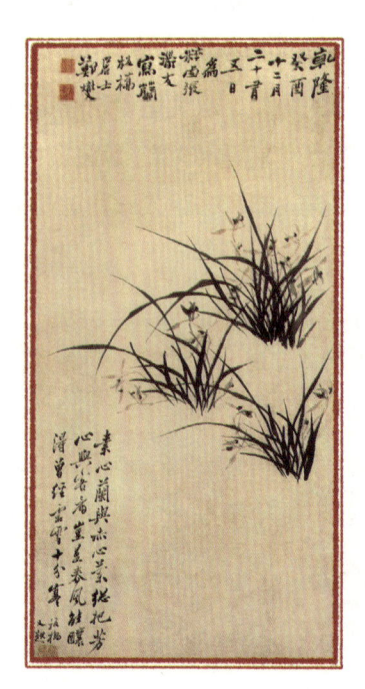

郑燮《兰花图》轴(故宫博物院)

在诗中,他把自己想象成幽香的兰花,说自己已经不关心朝堂里的事情,现在这种自得其乐的生活就已经让他很满足了。这时候,是不是感觉他的人生似乎跟兰花融为一体了呢?

车载斗量

在大学里，有才华的人可谓是车载斗量。朋朋哥哥第一次走进大学校园的时候，深刻地体会到了什么叫作"人外有人，天外有天"，同寝室的室友可能曾经获得过国家级奖项，看着不起眼的同学，也许站上舞台之后光芒四射……你注意到了吗？我用了"车载斗量"这个成语，来形容身边朋友的才华。那么，斗是什么？这个成语又是如何出现的呢？

出处

"车载斗量"的意思是某件东西数量很多,多到需要用车装,用斗量。这个成语出自裴松之注解的《三国志·吴书·孙权传》。

吴国的孙权为了抵挡蜀国刘备的大军,派赵咨去向魏国求援。魏文帝曹丕知道赵咨是吴国的能臣,便想趁机试探一番。他先是婉转地贬低孙权不读书,又说孙权是因为害怕刘备攻打东吴,这才派赵咨前来求援。但是这些问题都被赵咨完美地回答了。曹丕对赵咨的能言善辩很是欣赏,便问赵咨:"在东吴,像你这样的人才有多少呢?"赵咨回答:"如臣之比,车载斗量,不可胜数。"意思是说,在东吴,像我这样的人遍地都是,数量多到需要用车装、用斗量。

后来,车载斗量就被用来形容数量很多。

想想看:"车载斗量"的近义词和反义词有哪些呢?

延伸

最初,斗只是一种普通的容器,可以用来装粮食或酒,早在三千多年前的西周时期就已经出现了。

后来,斗开始被当作量器使用。我国古代的标准量器叫作"嘉量"。汉末王莽改制,由五种量器组成嘉量,分别是斛(hú)、斗、升、合(gě)、龠(yuè)。各量器之间可以互相换算,具体为:二龠为一合,十合为一升,十升为一斗,十斗为一斛。因此,斗也成为组成古人标准容量单位体系的成员之一。

量器虽小,但有重要的意义。根据文献记载,在春秋战国时期,各国的容量单位都不一

春秋时期的斗

样,有很多种。比如,齐国以豆、釜、钟为单位;燕国以觳(hú)为单位;赵国、韩国以斗为单位;魏国以斛、斗、益为单位。秦始皇统一中国后,对度量衡也进行了统一。统一的度量衡象征着国家的大一统和强盛。

随着时代的发展,作为测量单位的斗逐渐退出了我们的生活。我们现在表示容积、容量的标准单位是升和毫升。

新莽嘉量(台北故宫博物院)

文物

朋朋哥哥首先要给大家介绍的青铜方斗,是西汉末年王莽所建的"新莽"时期的量器。

铜方斗的上口刻有铭文:"律量斗,方六寸,深四寸五分,积百六十二寸,容十升,始建国元年正月癸酉朔日制。"这段铭文明确记录了斗的容积,我们把这些数据用现代长度单位换算一下:它全长23.92厘米,大约与一把学生用的格尺相当;高11厘米,口的部分长14.75厘米,

青铜方斗(中国国家博物馆)

宽 14.77 厘米。

斗的外壁有凸起的凤状纹路，制作工艺十分精湛。外壁上还漆画着黍、麦、豆、禾、麻纹，故宫博物院曾经对此进行过摹绘。

"新莽"政权是由西汉外戚王莽建立的朝代，国号为"新"，史称"新莽"。它的存在时间很短暂，只有15年，因此，这一时期的量器是非常珍贵的。这件青铜方斗现藏在中国国家博物馆，除此之外，我们还可以在其他地方看到这些斗方和量器。

> 想想看：
> "才高八斗"是什么意思？找找它的成语故事吧。

说到升，在古代，它是一种更加常用的量器，一斗等于十升。下面要说的商鞅方升是我国非常重要的一级文物。

商鞅方升既没有复杂的工艺，也没有华丽的纹饰，全长仅有18.7厘米，比一把学生用格尺还稍短一些。为什么说商鞅方升那么重要呢？因为它是目前我国最早的国家级标准量器的实物，在历史上的地位不容忽视。

商鞅是战国时期的政治家、改革家、思想家，他通过变法使秦国成为头号强国。商鞅在任秦国大良造（秦灭六国之前的最高爵位）的时候，为了保证国家的税收，制定了度量衡的标准。商鞅方升就是按照商鞅规定的度量衡标准制造的，故而得名。

就是这么一个看似不起眼的文物，却是研究秦国量制的重要实物史料。在没有发现商鞅方升之前，考古学家们只能通过文字资料去推断古代量器的容量。

商鞅方升（上海博物馆）

依葫芦画瓢

  一提到"葫芦",朋朋哥哥首先想到的就是"金刚葫芦娃",还有《西游记》里被金角大王和银角大王偷去的那个紫金红葫芦,还记得那句经典台词吗?"我叫你一声,你敢答应吗?"

  在平时的生活里,我们接触一种新的事物,或者学习一个新的本领时,经常最先用到的学习方法就是模仿。"依葫芦画瓢"这个成语就非常形象地描述了这种学习方法。你有没有想过,为什么要照着"葫芦"画"瓢"呢?"葫芦"和"瓢"又有什么关系呢?

出处

" 依葫芦画瓢 " 的意思，就是照着真葫芦的样子画葫芦瓢，比喻刻板地照着做，不动脑筋。我们常见的成语，一般都是四个字，而这个成语却是五个字，你有没有觉得，它听起来特别像我们现在的语言，而不像传统的古代成语？确实，相较于其他有着上千年历史渊源的成语，" 依葫芦画瓢 " 很年轻，距今只有几十年。它出自 1977 年《诗刊》第 12 期中的一句话：

如果就事论事，依葫芦画瓢，就会写成："一条搭肩六尺长，劳动一天沾了灰。"

我国著名哲学家胡绳也曾经在文章《想和做》中尖锐地说：

有些人只会空想，不会做事。他们凭空想了许多念头，滔滔不绝地说了许多空话，可是从来没认真做过一件事。也有些人只顾做事，不动脑筋。他们一天忙到晚，做他们一向做惯的或者别人要他们做的事。他们做事的方法只是根据自己的习惯，或者别人的命令，或者一般人的通例。自己一向这样做，别人要他们这样做，一般人都这样做，他们就 " 依葫芦画瓢 "，照样做去。到底为什么要做这件事，为什么要这样做，有没有更好的办法，他们从来不想一想。

胡先生指出，在学习或者做事情的时候，既要认认真真地做，也要善于动脑筋去想。这正是我们最应该学习的。

葫芦在中华文化中被赋予了很多种寓意。

第一，葫芦象征富贵，因为它与"福禄"谐音。福和禄，就是福气和好运的意思。

第二，葫芦充满灵气。因为古人认为"口小肚子大"的葫芦是一个被缩小的天地，里面充满灵气，因此人们常常在宅院或者病人床前挂葫芦来辟邪、去"煞气"。

第三，葫芦寓意多子多福。葫芦生长繁茂，葫芦藤是蔓带状，枝枝蔓蔓的葫芦藤上会结出非常多的小葫芦，而"蔓带"和"千秋万代"的"万代"谐音，所以它也有百子千孙、多子多福的寓意。

第四，葫芦是道教的灵宝，也是成仙得道的象征。神话中，很多神仙都与葫芦相伴，例如太上老君、"八仙"中的铁拐李等等。

延伸

依葫芦画瓢

葫芦藤蔓

想想看：
据你了解，葫芦还有哪些象征和寓意？

文物

葫芦瓶因样式形似葫芦而得名，唐代以后，随着民间工艺的发展，不同材质的葫芦瓶纷纷出现，器形也多种多样。

清朝乾隆年间的斗彩勾莲纹"寿"字葫芦瓶，原本是清宫御用瓷器，它的整体形状就像阿拉伯数字"8"，全身装饰斗彩缠枝莲纹，现在收藏在故宫博物院。

斗彩是指在一件瓷器上有上、下两层图案，它们之间有一层薄薄的、透明的玻璃质，叫作釉，就像保护膜一样保护着釉下彩，而在釉质的上面，还有一层釉上彩。两相结合，就形成了"斗彩"。

除了色彩艳丽、鲜亮之外，这只葫芦瓶的器形和纹饰也是有寓意的：

乾隆款斗彩勾莲纹"寿"字葫芦瓶（故宫博物院）

瓶身是上下两个鼓腹的形状，很像"吉祥"的"吉"字，因此在古代，葫芦瓶也叫"大吉瓶"，象征吉祥；瓶身有篆体的"寿"字纹，象征"长寿"；有红色的蝙蝠，象征"洪福"；葫芦本身的谐音"福禄"，寓意福寿绵长。

故宫里类似的珍贵藏品有许多，我们再来看另一件文物——匏制团寿字六棱瓶。

匏，是葫芦的别称。"匏制"工艺，就是把成熟的葫芦加工成各种形状的器物，加工的主要方法有刀刻、压花、火画等。这件匏制团寿字六棱瓶，六面有双线纹，器身上有莲花卷草纹，下腹部还有如意云头纹，体现了匏制中的刀刻工艺。

另外，这个六棱瓶的瓶口是圆形，瓶身都是六边形，象征着天圆地方，人们用葫芦将"天地"收纳起来，自成一番小天地，用来吸纳灵气、趋吉辟邪。

匏制团寿字六棱瓶
（故宫博物院）

"匏制"工艺中，有一种较为出名的"范匏工艺"。范，是一种人造的模子，给葫芦外面套上这个模子，就能迫使葫芦按照人的意愿生长。

一网打尽

朋朋哥哥很喜欢一部美食纪录片，估计不少小朋友也看过，叫作《舌尖上的中国》。纪录片里出现过查干湖冬季捕鱼的画面。每逢冬季，查干湖的湖面都被厚厚的冰雪覆盖，渔民们在冬捕作业的领头人"鱼把头"的指挥下，先在冰面上凿冰洞，再下网，最后赶着马，使劲儿地拉动绞车，从湖里把巨大的渔网收上来，收获颇丰。"一网打尽"这个词就与这样的捕鱼活动息息相关，让我们一起来了解一下吧！

出处

在距今九百多年前的北宋时期,有一位博览群书的文人,名叫魏泰,他写过一本书《东轩笔录》,主要记载了宋太祖到宋神宗年间的历史。书中有这样一句:"刘见宰相曰:'聊为相公一网打尽。'"意思是,监察御史刘元瑜见到宰相之后说:"我为宰相把另外的一伙人全都抓住了。"

"一网打尽"的原义是,捕鱼或捕兽的时候,全部抓住,一个不漏。后来也用来比喻全部获取,彻底消灭,没有遗漏。

古人打鱼图

延伸

先人们捕鱼是为了获取更多食物，直到今天，鱼也一直是我们所喜爱的食材之一。渔网是古人捕鱼的主要工具，我们的祖先在距今8000多年的时候，就开始用绳结网、用网捕鱼了。例如，查干湖的冬捕就开始于遥远的新石器时代，在辽代和金代最为兴盛，延续至今，还被列入我国的非物质文化遗产名录。

网坠

在湖北省的城背溪文化遗址中，考古学家们发现了距今约8000多年的网坠。网坠是一种绑在渔网上，使渔网快速下沉的工具，可以保证鱼在被惊扰之前就将它网住。网坠的发现，证明当时的人们已经能够善用渔网来捕鱼了。人们还会根据水的深浅和捕鱼方式的不同，制作不同类型的网。

不过，有考古学家发现，网不仅可以用来打鱼，还可以用来在陆地上捕猎、捕鸟，历史文献中也有相应的记载。

文物

接下来，我们看两件文物。第一件文物是收藏在中国国家博物馆的网纹船形彩陶壶，这是考古工作者于1958年在陕西省宝鸡市北首岭遗址发掘出土的，距今已有6000多年的历史了。

很多人推测，这件陶壶应该是当时的先民们随身携带的水壶。壶身的

网纹船形彩陶壶（中国国家博物馆）

形状类似打鱼用的独木舟，壶身上的纹饰是用黑彩绘制的网格纹，网格的两侧还有类似于鱼鳍的三角形纹饰。整体来看，这件陶壶就像是一艘在河里收网的渔船，或者打鱼归来在船边晾晒渔网的情景。

在北首岭遗址，考古学家还发现了大量的石制网坠以及吃剩的鱼骨，因此他们认为，这些发现证明了当时的人们已经开始使用渔网打鱼。

这件陶壶不仅是一件日常使用的器皿，更是一个保留着先民记忆的重要载体。它独特的形状和纹饰，既是先民们日常生产和生活的写照，也是他们的审美及艺术的表现。

如果你有机会的话不妨到国家博物馆里找找看，开启一段与古人进行沟通与交流的旅程。

> 想想看：
> 你还见过其他装饰有网格纹的文物吗？

第二件文物是收藏在南越王博物馆的一张渔网，由考古工作者于1983年在广州的西汉南越王墓中发掘出土。

西汉南越王墓位于广东省广州市解放北路的象岗山上。考古学家通过墓中出土的刻有文字的龙钮金印和玉印，判断这座墓的墓主人是西汉初

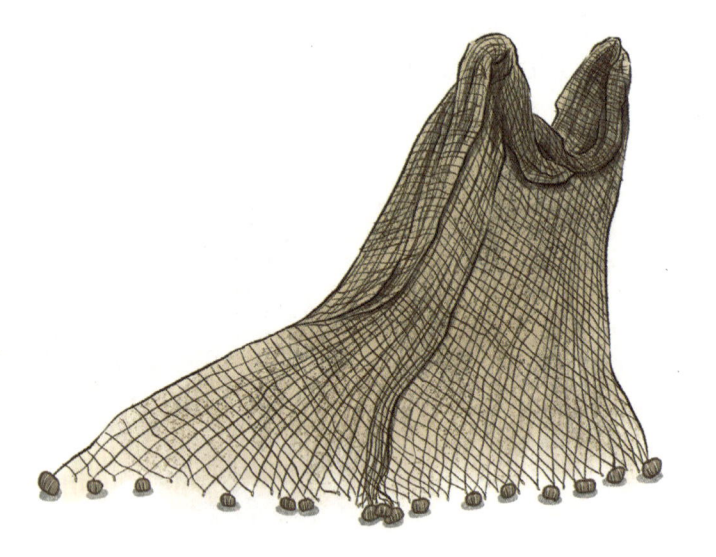

渔网（南越王博物馆）

年南越王国第二代南越王赵胡。这座南越王墓是继满城汉墓、马王堆汉墓之后,汉代考古的又一重大发现。

  墓主人身穿金缕玉衣,墓葬中出土了大量的乐器、宴饮用具、生活用具、兵器等,其中也包括这件渔网。我国古代的丧葬理念是"事死如事生",墓葬中出现渔网,说明打鱼在当时的社会生产生活中仍然很重要。

前车之鉴

刚上高中的时候,朋朋哥哥觉得考试不是一件很难的事情,考的也肯定都是平时学的东西,所以在一次月考之前根本没复习,而是悄悄看小说,结果当然考得很差。这件事告诉我们,学习可是一件持之以恒的事儿,有了那次前车之鉴,朋朋哥哥再也不敢盲目自信了。说到这儿,我要提问你们:你知道前车之鉴是什么意思吗?成语中的"鉴"又是什么?

出处

"前车之鉴"这个成语的渊源可以追溯到战国时期的《荀子》这本书。

《荀子·成相篇》中有这样一句话:"前车已覆,后未知更,何觉时!"这句话的意思是说:前面的车子已经倾倒,后来的车子却还不知道更改道路和方向,这要到什么时候才能觉悟呢?

后来,西汉政论家贾谊在文章《治安策》里分析了秦代奸臣当道、实施暴政、由盛而衰的惨痛教训,他向汉文帝提出了治国的方略,总结说,"前车之覆,后车之鉴"。意思是,看到前面的车子倒下来,后面的车子就应该停下来,不应该再往前走,秦代灭亡好比前车之覆,应该作为我们汉朝的借鉴呀!

因此,"前车之鉴"就比喻把前人的失败作为以后的教训。

延伸

鉴是古代一种用来盛水的容器。东汉许慎在《说文解字》中说:"鉴,大盆也。"古人在鉴里盛水,可以用来照影,当镜子使用。所以,前车之鉴的"鉴",原义指的就是镜子,引申为"教训"。

除此之外,古人还会用鉴来盛放冰块,称作"冰鉴"。早在《周礼》当中就有"春始治鉴"的记载,说的是把冰放入鉴中,再把食物放到里面,来保证食物的凉爽。此外,鉴还可以用来作沐浴洗澡的器皿。

不过,铜鉴的体积庞大,不方便随身携带。我们总不能为了梳妆打扮,背着个

青铜鉴

大盆四处行走吧！所以，随着青铜铸造技艺的发展，青铜镜越来越多地走进了人们的生活。从此，照镜子就不需要用鉴了。

镜子一直在人们的生活中扮演重要的角色，既能作为映影之用，也可以用于趋吉避凶。商代开始有了铜镜，但当时更可能是用作祭祀礼器，而不是当作生活用品。春秋战国时期，铜镜开始由贵族阶层向平民阶层普及。秦汉时期，铜镜就大量地在民间流行起来。

古代女子对着青铜镜梳妆

唐朝初年，唐太宗常常采纳大臣魏徵的意见，还鼓励其他的大臣们也向魏徵学习，多多直言进谏。正是因为唐太宗的开明纳谏和选贤任能，使得唐朝出现了"贞观之治"的盛世局面。魏徵死后，唐太宗感叹地说："以铜为鉴，可正衣冠；以古为鉴，可知兴替；以人为鉴，可明得失。"在这里，唐太宗就把魏徵比作自己人生中的一面镜子。

此外，人们常用"镜花水月"来比喻虚幻的景象，用"破镜重圆"来比喻夫妻失散或决裂后重新团聚与和好，用"明镜高悬"比喻官吏断案公正严明。由此可见，镜子文化已经深深地融入了我们的生活之中。

我们要看的第一件文物，就是大名鼎鼎的吴王夫差鉴，距今已经有2500年的历史了，是春秋晚期的青铜器，现收藏于上海博物馆。

文物

这件文物高 45 厘米，口径有 73 厘米，个头可真是不小啊！鉴的腹部两侧有虎头形状的兽耳，用作把手，方便搬运。两个兽耳中间的口沿边上还趴着两只小老虎做装饰，好像是在看鉴里面的水有没有装满。青铜鉴的内侧刻有铭文，一共是两行十三个字，大意是说，此鉴是吴王夫差选用上好的青铜铸造出来给自己用的。

吴王夫差鉴（上海博物馆）

下面我们再来看一面青铜镜——收藏在中国国家博物馆的鎏金"中国大宁"铜镜，它是 1951 年在长沙近郊伍家岭地区的一座汉代晚期墓葬中发现的。

这面青铜镜的镜面直径是 18.6 厘米，是普通青铜镜的常见尺寸，铜镜中心部分厚 0.25 厘米，与一元硬币的厚度相当。在铜镜的背面刻有 55 字的铭文，其中"中国大宁"这四个字是最引人注意的。

西汉末年，时局动荡，战乱不断，人们在铜镜上篆刻"中国大宁""子孙永昌"这样的铭文，表达了当时人们对美好生活的向往追求。

鎏金"中国大宁"铜镜（中国国家博物馆）

雕梁画栋

　　中国古建筑犹如漫天星辰，散落在全国各地，这些建筑能够带领我们走进古人的世界，去了解古人与自然相处的智慧，感受古人对于美的追求。古建筑的精美程度，常常被人用"雕梁画栋"来称赞，我们也常将它用作现代建筑的赞美之词。那么，你知道这个成语是怎么来的吗？梁和栋，在建筑中又有着怎样的地位呢？

出处

根据《汉语大词典》的记载,"雕梁画栋"这个成语最早出现在一部元杂剧里。元杂剧作家郑廷玉写了一部剧本,叫作《看钱奴》,其中有这么一句话:"这的是雕梁画栋圣祠堂,又不是锦帐罗帏你的卧房,怎这般厮推厮抢赶我在半壁厢?"

"雕梁画栋"的本义是指雕花和彩绘的栋梁,后来也指拥有华丽彩绘装饰、富丽堂皇的房屋。

延伸

梁和栋都是古代木结构建筑中用在屋顶上的建筑构件,栋,本义是指屋子的大梁。因为栋和梁支撑起了房屋,所以后来人们常用"栋"或"梁"泛指房屋,比如我们常说的"一栋房子";也用"栋梁"来比喻起重要作用的人或事物,比如"栋梁之材",指的就是对民族和国家有重要贡献的人。

不过,雕梁和画栋则各有所指。雕梁,是指古建筑上的雕刻艺术,主要是在

木屋顶的构造

经过雕刻的梁的特写

露出房屋外的木梁上雕琢出美丽的花纹，供人们欣赏，同时也寄托美好的愿望与追求；画栋，指的则是古建筑上的彩绘艺术，主要是在梁头等暴露在空气中的部位绘制精美的彩画，既起到装饰作用，又可以保护房梁免受风雨和虫害的侵蚀。

"雕梁画栋"是我国古代木结构建筑的主要特点之一。一座建筑的雕刻和彩绘，往往反映了这座建筑的设计水平和艺术高度。古代对于彩画的色彩和纹样，有着严格的等级之分，所以，对于后人来说，通过观察建筑的彩绘还可以看出建筑的等级和功能。

我国古代建筑中的杰出代表——晋祠，是我国现存最早的纪念性祠堂和最古老的园林建筑。晋祠位于山西省太原市西南方向的晋水源头，是为纪念晋国始祖周武王的胞弟叔虞而建。

晋祠现存最宝贵的彩画在圣母殿中。圣母殿始建于宋代，距今已有1000多年的历史了。不过，由于圣母殿在明代曾经进行过大修，导致很多宋代彩画在大修时受到破坏。所以，保存至今的宋代彩画只有四幅，非常珍贵。

宋代彩画中最高级、最华丽的一种叫作"五彩遍装"，顾名思义，这种彩画是在每个构件上都绘制五色花纹进行装饰，看上去富丽堂皇，

晋祠圣母殿彩画（局部）

因此，这种彩绘方式一般用在宫殿、庙宇等建筑上。

晋祠的这四幅彩画，就使用了五彩遍装的彩画形式。图上绘有海石榴、莲花、忍冬、卷草和宝相花等纹样，寓意万代吉祥，表达了古人对于子孙后代的美好祝愿。

和玺彩画（故宫博物院）

明清时期的彩绘则要看故宫。故宫位于首都北京市区的中心地带，是世界上现存规模最大、保存最完整的木结构宫殿建筑群。

故宫现存的彩绘以清代为主。清代彩画在我国的彩画发展史上，已经达到了一个成熟的高峰时期，总体风格复杂绚丽、金碧辉煌。在形式上，清代彩画更加规范，对于彩画的构图、花饰的内容和配色等方面也都有比较严格的规定。

清代彩画主要包括和玺彩画、

旋子彩画（故宫博物院）

苏式彩画（颐和园）

旋子彩画、苏式彩画三种风格。其中，和玺彩画的等级最高，装饰题材以龙、凤为主，主要是为了渲染皇家的富贵气象和皇权的至高无上，专门用在正殿、重要的宫门，或者位于主轴线上的配殿等建筑上，如故宫的太和殿等。

旋子彩画是承袭自明代的一种风格，被大量应用于各种祭祀和宗教性质的建筑上。比如在专门祭天、祈求丰收的天坛，还有故宫里专门祭祀皇帝先祖的奉先殿，都可以看到旋子彩画。

苏式彩画源于江南苏州一带，自然活泼，富于生气，主要用在园林建筑上。在颐和园中，我们就可以看到精美的苏式彩画。

舞文弄墨

朋朋哥哥小时候曾经练过毛笔字，可后来没有坚持下来。对于我来说，用恰到好处的力量来控制软软的笔尖，简直太难了。想来，古人用笔墨给我们留下了丰富的历史资料和精彩的艺术作品，真的很了不起。一直以来，笔、墨、纸、砚被称为"文房四宝"，现在，我们就通过"舞文弄墨"这个成语，一起走进古人的书房看看吧。

出处

还记得前文提到过的唐太宗时期的名臣魏徵吗？他曾经带人编写了一部专门记载隋代历史的史书，叫作《隋书》，其中记录了一个叫王世充的人，"善敷奏，明习法律，而舞弄文墨，高下其心"。意思是说，王世充善于答对、熟知法律，但喜欢歪曲条文，随意按照自己的意思做出判断。

"舞文弄墨"也可以写作"舞弄文墨"，意思就是歪曲法律条文，曲解它们的意思。我们可以说一个人"为人正直，做事公正无私，从来不做舞文弄墨的事"。"舞文弄墨"现在大都用于贬义，指喜欢玩弄文字技巧，例如："他写文章的时候，总是喜欢舞文弄墨，结果反而弄巧成拙。"

延伸

提到古人的书写工具，就不得不提"文房四宝"——笔、墨、纸、砚，其中，笔是排在第一位的。

我国古代的笔，基本可以分为软笔和硬笔。软笔主要是用动物的毫毛制作而成，硬笔则主要是由竹子、木头、骨头等材料制作而成。其中流传最广、对后世影响最深远的笔，就是软笔了，也就是我们现在学习书法时仍然会用到的毛笔。

考古工作者发现，在新石器时代的一些日用器皿、房屋的墙壁和地面上，古人都会绘制植物、动物或者几何形的花纹。考古专家通过研究这些

现代毛笔

图画上的痕迹，认为当时的人们已经开始使用毛笔了。这说明，我国发明和使用毛笔已经有五六千年的历史。

而这个成语中的另一个主角"墨"，是用来特指颜料中的黑色。考古研究表明，人类最早开始先画画，因此早期的颜料五颜六色，后来发明文字之后，则更多地使用黑色的颜料，因此十分特殊。

舞文弄墨

墨和其他颜料一样，都来自天然的矿物原料，木炭这样的植物原料也可以作为墨来使用。秦代以后，人们才逐渐发明了人工墨，而且工艺越来越精湛，购买和使用也越来越方便。

我们通过两件文物，来近距离地认识一下笔和墨。第一件文物是收藏在中国国家博物馆的毛笔，距今已经有两千多年的历史了，是我国目前所见到的最早的毛笔实物之一。这支毛笔是1954年由考古工作者在湖南省长沙市左家公山的墓葬中发掘出土的，笔长21.2厘米，它出土的时候被装在一个23.2厘米的竹筒里，所以保存相对完好。

文物

左家公山战国笔(中国国家博物馆)

在当时,人们制作毛笔的方法各不相同。

第一种方法是把笔杆的一端劈成很多瓣,然后把笔毫夹在劈开的笔杆里面。左家公山战国笔就是这样制成的。

第二种方法是把笔毫捆在笔杆的四周,然后用细线扎紧。这种制作方法的代表是河南信阳长台关1号楚国墓葬出土的毛笔。

信阳笔(河南信阳长台关楚墓 M1)

包山笔(河北省博物馆)

第三种方法是先把笔毫捆扎好，然后再插到笔杆里面。湖北省荆门市包山楚国墓葬出土的毛笔就是这样的做法。到了秦代以后，人们主要用上述的第三种方法来制作毛笔，前两种就不多见了。

后来，人们逐渐认识到，不同兽毛的硬度和弹性是不一样的。所以，人们开始使用不同种类的兽毛，充分发挥它们各自的优势，达到更好的书写效果。说起来，我们今天之所以能看到那些优美的书法作品，离不开古人对毛笔精益求精的改造啊！

第二件文物是同样收藏在国家博物馆的松塔形墨。它是于1974年在宁夏回族自治区固原县西郊发掘出土的。这块东汉墨虽然在地下埋藏了将近两千年，却仍然非常完整，色泽如同新的一样。

最初，人们并没有现成的墨汁，需要先拿着墨锭在放有清水的砚台里研磨，才能得到可蘸取的液体。墨锭本身是块状固体，根据考古学家的研究，秦代和西汉时期的墨锭还没有固定的形状，有丸状、颗粒状、片状、块状等，都是手工制作，工艺粗糙，尺寸也相对比较小。

随着制墨技术的发展，制墨业逐渐受到了统治者的重视。到了东汉时期，出现了用模子制成的墨锭，形状整齐划一，而且更加坚硬、结实，尺寸也比之前更大一些。根据历史记载，东汉朝廷专门设置了掌管笔、墨、纸的文官，还给他们按月发放墨块。文官们每人每月可以领到隃糜（yú mí）大墨一枚、小墨一枚。

松塔形墨
（中国国家博物馆）

> 隃糜是古县名，以产墨著称，后世用"隃糜"来指代墨或墨迹。隃糜在今天的陕西千阳，当地生长着茂密的松林，松枝中含油脂比较多，适合制墨。有的专家推测，宁夏固原距离隃糜不远，那么国家博物馆所藏的这块东汉的松塔形墨，很有可能就是隃糜墨。

大动干戈

你有没有过挤地铁的经历？朋朋哥哥有一次在早高峰挤地铁时，曾经遇到过两个人因为车厢太晃，不小心踩了对方一脚而大打出手的情况。旁边的人在劝架的时候说："这大清早的，都急着上班，没必要为这点小事大动干戈。"挤在门边的我深为赞同。那么，你知道成语中的"干"和"戈"分别是什么吗？

出处

"大动干戈"与"祸起萧墙"出自同一个故事。在《论语·季氏》中,孔子对季氏之乱发出感叹:"今由与求也,相夫子,远人不服而不能来也,邦分崩离析而不能守也,而谋动干戈于邦内。吾恐季孙之忧,不在颛臾,而在萧墙之内也。"

孔子的意思是,如今冉有和子路辅佐季氏,远方的人不归服却没有办法让他们归顺,国家四分五裂却不能使它稳定统一,季氏反而谋划着在国内发动战争。恐怕季孙氏的忧虑,不在颛臾,而是在鲁国内部吧。

"干戈"是古代兵器的总称,"干"指代的是防御性的武器,"戈"指代的是进攻性的武器。"大动干戈"的本义就是指大规模地进行战争,一般用于形容两个国家之间因为摩擦而彼此争战。

此外,大动干戈也可以指两个人或两个团体之间大打出手,或是比喻某个人大张声势地行事、大费周章地做事情等。

> "干戈"中的"干",其实就是盾。只不过在春秋战国时期,秦称之为"盾",其余六国称之为"干"。

战场上的士兵对峙

延伸

戈是我国特有的古代兵器之一。新石器时代，人们用石头做成戈。随着金属冶炼技术成熟，铜戈出现，代替了石戈。到了商朝时，青铜戈的使用已经很普遍了。战国晚期，铁制兵器的使用越来越多，逐渐取代了青铜戈。

戈的顶端是戈头，绑在木柄上，用来勾杀、扫杀或劈杀敌人。现在我们只能在博物馆里见到戈头，因为年代久远，木柄都腐烂了。

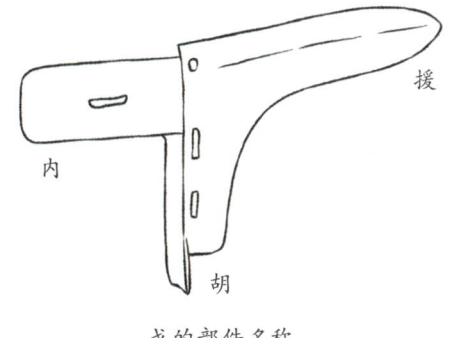

我们可以将戈头看成"T"字形，横着的长条形部分被分为两个长短不同的半端，长的一端叫"援"，是戈刃；短的一端叫"内"，用来安装木柄，上面有孔，可以穿绳。

金属戈通常用来作战，此外还有用玉石做成的戈，通常作为仪仗用品使用。商朝时就出现不少玉戈。

戈的部件名称

文物

我们要了解的第一件文物是"五年相邦吕不韦戈"，收藏在中国国家博物馆。

这是一件青铜戈，正、反两面都有铭文。正面刻有"五年，相邦吕不韦造。诏事图、丞蕺（jí）、工寅"。

"五年"是指秦王嬴政五年，嬴政就是后来的秦始皇；"相邦"就是秦代的丞相，又称相国；"诏事"相当于兵器厂厂长的职位，"图"是厂长的名字；"丞"是稍低一级的职位，跟现在车间主任差不多，"蕺"就是车间主任的名字；"工"

五年相邦吕不韦戈（中国国家博物馆）

就是工人，他是亲手制造这件戈的人，名字叫"寅"。

我们通过这件戈上面的铭文，清楚地知道了这件武器的整个生产流程和负责人，从高到低，分别是相邦、诏事、丞、工。在古代，铸造兵器的人会将自己的名字刻在兵器上，方便之后的检验，如果兵器出了问题，就可以逐级追责。这种制度叫作"物勒工名"，从春秋时期就已经在实施。秦国的大军也是在这样严苛的制度之下，拥有了高质量的兵器，成为秦始皇统一六国的一大助力！

戈的背面刻有"诏类，属邦"四个字，"诏类"是兵器的制造机构，"属邦"是管理少数民族的机构。这四个字的意思就是，这件兵器是诏类发放给属邦使用的。

除了这件青铜戈之外，吕不韦还监造了很多其他兵器，如矛、戟等，为秦国的大一统做出了突出的贡献。

> 大玉戈的出土，证明了夏商时期的城邑盘龙城的存在，意义非凡。因此，作为国家一级文物，大玉戈是中国首批禁止出国（境）展览的文物之一，从来没有对外公开展出过。

大玉戈（湖北省博物馆）

刚才提到，玉石所制的戈是一种礼器。接下来我们看到的第二件文物，就是"玉戈之王"——大玉戈，现藏于湖北省博物馆。

大玉戈呈长条状，像是一把刀，由刃和柄组成。戈上有一个圆孔，是用来穿绳子的。这件戈长94厘米，是目前被发现的玉戈中最大的一件，出自商朝前期。

根据专家介绍，制作这样一件玉戈，需要的玉料得在1米以上，而这样的玉料是非常稀有的。因此，大玉戈作为一件宝贵的礼器，象征着无上的地位和权力。

张冠李戴

朋朋哥哥的奶奶总是分不清现在的年轻明星，经常张冠李戴，把一个明星的名字说成另一个明星的名字。这个时候，家人们总会耐心地给奶奶解释，奶奶也会自嘲说自己"张冠李戴"了。"张冠李戴"的字面意思就是把张某的帽子戴在李某头上，那么，你知道这个成语的深层含义吗？

出处

"张冠李戴"最早是唐宋时期的民间谚语"张公吃酒李公醉""张公帽儿李公戴",而到了明清时期,最为出名的是明代文学家田艺蘅所著《留青日札》中的《张公帽赋》,文中说:"谚云:'张公帽掇(duō)在李公头上。'"于是人们将这个谚语简化成了成语"张冠李戴",比喻认错了对象,弄错了事实。

延伸

"冠"是帽子的总称,也专指古代贵族头上戴的礼帽。在两千多年前的春秋时期,冠被视为君子的象征。孔子的弟子子路在战争中遇难,临死前还不忘把头上系冠的绳子绑好。

想想看:
张、李都是我们常见的姓氏,组合的成语或俗语有很多,例如张三李四、指李推张等。你还知道哪些带有姓氏的成语呢?

冕　　冠

巾　　帻

帽子的类型

古代男子和女子成年的年龄是不一样的,男子一般是20岁,女子一般是15岁。古代男子成年时举行冠礼,女子在成年时则要举行及笄(jī)礼。及笄礼指的是,在典礼这天,会有长者给女孩子梳头,并且插上发簪,代表女孩子已经长大,可以嫁人了。

古代的帽子有很多类型，身份不同、参加场合不同，所戴的帽子也不同。古代皇帝和诸侯在重要的场合戴冕，也就是前后有珠帘的那种礼帽；贵族通常戴冠；普通百姓戴的则是巾和帻（zé），也就是头巾和发带。

根据《周礼》记载，古代汉族的男子在 20 岁时会举行"冠礼"，其中最重要的一个环节就是加冠，用冠束发，代表着成年。我们常说的"弱冠之年"指的就是男子刚刚成年的时候。

文物

我们首先要看的文物是在明代定陵出土的金丝蟠龙翼善冠。它是明神宗万历皇帝的皇冠，定陵即是万历皇帝的陵墓。

这顶冠整体是由特别细的金丝编制而成，高 24 厘米，重量却只有 826 克。要知道，金子还是有一定分量的，这么大的皇冠，得多细的金丝才能做得这么轻啊！

金丝冠上最低处叫"前屋"，就是头顶和前额的部分。"前屋"是由 518 根完整金丝编成的，不存在断丝，也没有线头。后面隆起的部分叫"后山"，"后山"上编有两条左右对称的蟠龙，两条龙之间有一个圆形的火珠，设计非常巧妙。

看了是不是觉得，这顶帽子好像不太舒服，不适合平时戴？你猜对了，其实，这顶金丝冠是万历皇帝的陪葬明器，他平时戴的是一种黑色的乌纱翼善冠。

金丝蟠龙翼善冠
（明十三陵博物馆）

五梁冠（山东省博物馆）

明代乌纱帽

接下来，我们再来说说官员们的冠。山东省博物馆收藏着一项明代官员戴的五梁冠。

这顶五梁冠的材质是铜丝，上面装饰着金制的簪花和两只凤凰。冠顶是纱制的，顶上有五根皮质的横梁，从前往后延伸。

梁冠上横梁的数目，在不同的时代有不同等级的区别，从一梁到七梁都有。明代的官员制度中，一品官戴七梁冠，二品官戴六梁冠……依次递减，到了八品和九品芝麻官就只能戴一梁冠了。所以，我们可以知道，这顶明代五梁冠，就是一位三品官员的帽子。

但是，这种梁冠只有在大的祭祀、大的节日等一些特殊的情况下才会戴。平时上朝的时候，官员们戴的还是乌纱帽。

一鼓作气

你听过京剧吗？朋朋哥哥很喜欢听京剧，印象中最早听到的是《定军山》这出戏，讲的是三国时期蜀国老将黄忠的故事，里面有这样几句经典的唱词："头通鼓，战饭造；二通鼓，紧战袍；三通鼓，刀出鞘；四通鼓，把兵交。"打鼓和打仗有什么关系呢？我们通过"一鼓作气"这个成语来聊聊古代战场上的"鼓"吧！

出处

"一鼓作气"出自儒家经典之一的《左传》,原名为《左氏春秋》,后更名为《左氏春秋传》。据传,《左传》是春秋时期的鲁国人左丘明编写的,记述的是东周前期的政治、经济、军事、文化等内容。其中有一篇收录在中学课本里的文章,叫《曹刿(guì)论战》。

曹刿是鲁国著名的军事理论家,他帮助鲁国在长勺之战中战胜了比自己更强大的齐国,他把这次战争胜利的原因归结为勇气。他说:"夫战,勇气也。一鼓作气,再而衰,三而竭。彼竭我盈,故克之。"意思就是:打仗是要靠勇气的。

曹刿论战

第一次击鼓能振作士兵们的勇气；第二次擂鼓时，士兵们的勇气就会减弱；第三次敲鼓时，士兵们的勇气已经枯竭了。敌方勇气枯竭的时候，而我方的勇气正盛，所以我们战胜了他们。

后来，从这一段话里引申出了"一鼓作气"这个成语，比喻趁劲头大的时候鼓起干劲，一口气把工作做完，或者做事时要趁着最开始的勇气去做，才更容易成功。

延伸

鼓是中国传统打击乐器。根据考古发现，五千多年前，中国就已经出现鼓了。远古时期的鼓，鼓身是用陶制作的，鼓面则是各种动物的皮料，甚至还有鳄鱼皮。

早期的鼓大多都是用于狩猎、祭祀等场合，后来用来在战场上鼓舞士气，击鼓成为指挥士兵进攻的命令。此后，还广泛应用于宫廷演奏和民间演出。制作的材料也更加丰富，除了陶之外，还有木制、青铜、石制等等。

建鼓和腰鼓

想想看：
你都见到过哪些类型的鼓呢？尝试描述一下或者画出来吧！

鼓的使用方式也在不断变化。最开始，鼓被放在地上，后来慢慢有了底座，再后来出现了被挂在架子上的建鼓，甚至挂在身上的腰鼓或手拿的鼓，等等。

在我国历史上，有一位特别爱打鼓的皇帝，他就是唐玄宗李隆基。据说他曾经和大臣们聊天时说，自己为了练习打鼓而打坏的鼓槌，就已经有四柜子了！唐玄宗对鼓的喜爱，引领了当时长安乃至整个盛唐时期的打鼓风潮。

文物

接下来我们就讲讲和鼓相关的文物。第一件文物是赫赫有名的虎座鸟架鼓，这种形态的鼓是战国时期楚国特有的，迄今为止出土了40多件。

图中的这件是湖北荆州博物馆藏的虎座鸟架鼓，鼓高1.5米，十分高大。

这架鼓由双虎、双凤、扁鼓三大部分组成。两只高大的凤鸟背对着，分别站在两只趴着的矮小老虎的背上，凤鸟和老虎都是用上好的楠木雕刻而成；凤鸟的背中间有一只鼓，用红色的绳子悬挂在凤冠上；全鼓用黑漆为底，用红色、黄色等描绘花纹，看上去颜色鲜亮，充满着神秘感。整架鼓虽然历经两千多年，但颜色依然鲜艳夺目，

虎座鸟架鼓（湖北荆州博物馆）

实在是太难得了。

想一想，工匠们为什么要把凤鸟和老虎以这样的形态组合在一起呢？

相传，楚国人崇尚凤鸟，而巴国人喜欢白虎，在两国之间的一次战争中，楚国大败巴国，虎座鸟架鼓的造型展示的正是楚人取得胜利后英勇威风的样子，反映了楚人勇于征服的精神。

我们要看的第二件文物是一件青铜鼓——东汉四耳蹲蛙青铜鼓，收藏在四川成都的武侯祠博物馆。

这个鼓整体圆滚滚的，腰部有四只耳，缠有铁链，鼓面的边上蹲着一圈青蛙，乍一看有六只，其实还有三只小青蛙被背负着。

鼓上装饰的为什么会是青蛙呢？这是因为，南方地区的一些少数民族非常崇尚青蛙，他们认为青蛙能预测下雨，还有着很强的繁殖能力，充满了智慧。

这面青铜鼓不是很高大，它的高度只有 40 厘米，鼓面直径有 64 厘米，鼓面上还有太阳纹、云纹、雷纹等装饰图案。直到现在，西南很多少数民族还在使用铜鼓，比如壮族同胞每逢佳节都会用铜鼓进行演奏。

汉四耳蹲蛙青铜鼓（成都武侯祠博物馆）

栉风沐雨

早上洗漱的时候，许多人都会用梳子梳头，有的女孩子甚至会随身带着小梳子和小镜子，以便随时整理仪容。梳子在中国历史上由来已久，形式多样。小的时候，我还见过奶奶用到一种齿特别细密的梳子——篦子。今天，朋朋哥哥要介绍的这个成语"栉（zhì）风沐雨"就是和梳子有关的，但它讲的可不是梳头的故事。想知道它是什么意思吗？接着往下看吧！

出处

在距今两千多年前的战国时期,大思想家庄周和弟子们所写的文章被编成《庄子》一书,书中的《天下》一文中,这样写道:"沐甚雨,栉急风。"这其实是一个故事。传说中,大禹为了治理泛滥的洪水,每天带领大家起早贪黑、风餐露宿、不惧风雨。雨来了就当洗头发,风来了就当梳头发。通过他们的不懈努力,最后终于把洪水引到大海里去了。"栉风沐雨"这个成语就源自这里。

"栉风沐雨"中的"沐"很好理解,就是沐浴洗澡的意思。准确地说,"沐"专指洗头发。而"栉",则是古人对梳子和篦子的称呼。

在"栉风沐雨"这个词里,"栉"用作动词,意思是梳头发。这个成语的意思是:风梳头,雨洗发,形容整日奔波劳碌,连风和雨都不知道躲避。比如,我们可以说,在偏远山区行医的赤脚医生,经常为了救助病人而栉风沐雨,不顾自己的辛劳和安危,非常令人敬佩。或者:一些考古工作者为了保护祖国的文化遗产,探索古代的秘密,总是栉风沐雨,长年累月地在各地的发掘现场辛苦工作。

现代的梳子、篦子

延伸

根据考古学家的研究,我国的梳子最晚在距今六千多年前的新石器时代中晚期就已经出现了。在长江下游地区的马家浜文化和黄河下游地区的大汶口文化的遗址中,出土了用动物的骨骼制作的梳子。但是,当时的梳子和后来的梳子还不太一样,梳背的上下长度比梳齿的长度要长一些,人们会在梳背上刻画很多装饰性的图案。所以，有专家认为，人们最早是用梳子来固定头发，或者插在头发上作装饰用的。

篦子的历史比梳子要短一些。从目前的考古发现来看，在梳子出现大约三千年之后的春秋战国时期，才出现了篦子。与梳子相比，篦子的齿要更稠密一些。

古人的篦子和梳子功能有一定的区别，但是可以成套使用。在一座属于春秋时期的河南固始楚墓中，还曾经出土过梳子和篦子合为一体的木梳篦。

木梳篦

文物

接下来，我们通过收藏在博物馆里的文物，来进一步认识一下古代的梳子和篦子。

第一件文物是著名的象牙梳，它被收藏在中国国家博物馆，是在 1959 年由考古工作者在山东省泰安市宁阳县的大汶口遗址发掘出土的。

这件象牙梳，是用一段象牙皮雕刻而成的，不仅具有实用性，还有很高的审美价值。梳子长 16.2 厘米，宽 6.1～8 厘米，梳背部分宽且长，梳齿部分窄而短。在梳背上，有透雕而成的回旋纹，类似于"S"

镂雕旋纹象牙梳（中国国家博物馆）

形或"8"字形,由断续的三条平行线组成,这个极具特点的纹样是这件文物命名的要素之一。梳齿共有 16 个,排列整齐,和我们今天的梳子几乎没有什么差别。

这件镂雕旋纹象牙梳和 60 多件陶器、石器、角器、骨器以及其他装饰品出土于一座大型墓葬中,这说明这座墓葬的主人在生前拥有较多的财富,或者较高的社会地位。

第二件文物是收藏在湖北省博物馆的漆木梳妆盒。它出土于湖北枣阳的九连墩 1 号战国墓。

这个梳妆盒是我国目前出土的最早的一件便携式漆木梳妆盒。它长 35 厘米,宽 11.2 厘米,厚 4 厘米,由两块木板组成。梳妆盒里放着主人梳妆所用的铜镜、削刀、脂粉盒,还有篦子。

一般来说,便携式梳妆盒是贵族出行时使用的,里面放的应该是主人最常用的梳妆用品。篦子在这里出现,说明对于当时的人们而言,篦子已经是日常生活中不可或缺的梳妆用品了。

生活在今天的我们,可能不太容易理解篦子的使用价值。在古代,人们的洗浴和清洁条件十分有限,很难保持个人卫生,这样的话,他们长长的头发和胡须里就很容易产生污垢,甚至会有虱子寄生在毛发里。因此,留有长发和胡须的古人需要用篦子来清洁和梳理毛发,保持自身的清洁。

> 想想看:
> 世间万物的发明都有原因。你觉得古人是受到什么事物的启发,发明了梳子和篦子呢?

漆木梳妆盒(湖北省博物馆)

舳舻千里

端午节的时候，南方常会有龙舟竞赛。有一年，朋朋哥哥有幸去观赛，看到宽阔的江面上，排满了准备赛龙舟的人们，每个人都摩拳擦掌准备夺得头魁。时值正午，只听一声令下，浩浩荡荡的水面上，舳舻千里，风帆飘扬，场面十分壮观。你发现了吗？在这里，朋朋哥哥用"舳舻千里"来形容船的数量多。那么，你知道"舳舻"是什么吗？

出处

我们最早知道"舳舻千里",应该是在宋代大文豪苏轼的笔下。他在名篇《前赤壁赋》中写道:"舳舻千里,旌旗蔽空。"意思是,曹操当年攻下荆州之后,麾下的船只众多,首尾相接,绵延千里,船上的旗帜连起来几乎要把天空给遮蔽了。

其实,苏轼并非这个成语的原创者。早在东汉时期,班固就已经在《汉书·武帝纪》中用这个成语描述汉武帝刘彻一次出巡的场面。

有一年冬天,汉武帝南巡,路途中曾从当时的寻阳登船入江,船队首尾相接、绵绵不绝地行驶于江上,一直行驶到枞阳才离江上岸。班固写道:"舳舻千里,薄枞阳而出,作《盛唐枞阳之歌》。"

成语里的"舳舻"是船只上的两个部位,其中,"舳"指的是船尾持舵的地方,"舻"指的是船头撑杆的地方。"舳舻"泛指船头和船尾,后来就用来直接指代船只了。

延伸

跟随"舳舻千里",我们一起来深入了解一下中国古代舟船的发展过程吧!

在浙江余姚河姆渡新石器时代遗址中,出土了木桨。而在更早的浙江萧山跨湖桥遗址,考古工作者发现了被命名为"中华第一舟"的独木舟。

原始的独木舟比较单薄,随着社会的发展,独木舟做得越来越大,内部结构也越来越完善。后来就演变成了规模更大、制作更精良的"船"。根据船只的大小、形状等特征,我国古代的船可以分为三类,分别是福船、沙船和广船。

福船主要产于福建沿海,船底尖尖的,核心部件是中央龙骨,它最大的优点就是操纵灵活,不惧怕风浪,也不害怕那些不露出水面的礁石。

福船

沙船

沙船主要来自长江口的崇明沙，船底是平的，头部和尾部都是方形，它最大的优点就是不怕搁浅，在水浅沙多的地方也能航行。

广船主要产于广东一带，船体又长又坚固，风帆很大，很适合在深水区域航行。广船最令人惊叹的技术是有多孔舵，能让船只更灵活地调整方向。

广船

文物

据学者研究，在中国古代舟船的发展过程中，出现过三个高峰期，分别是秦汉时期、唐宋时期和明代。

秦汉时期的代表文物是广州出土的汉代陶船，这艘船有什么特别的呢？

这只陶船上有三个舱室，专家推测，可能分别是货仓、船工住所和厕所。船上有六个陶俑，各司其职。船尾旁边有一个特殊的装置，这个装置的表面是不规则的四方形，四方形连着一根杆儿，杆儿的顶端还有个洞，用来安置把手。

船尾这件特殊的装置，其实就是舵！这是已发现最早的舵的形象。有了舵，我们就能灵活地调整船在行进时的方向，航行也会更加安全。

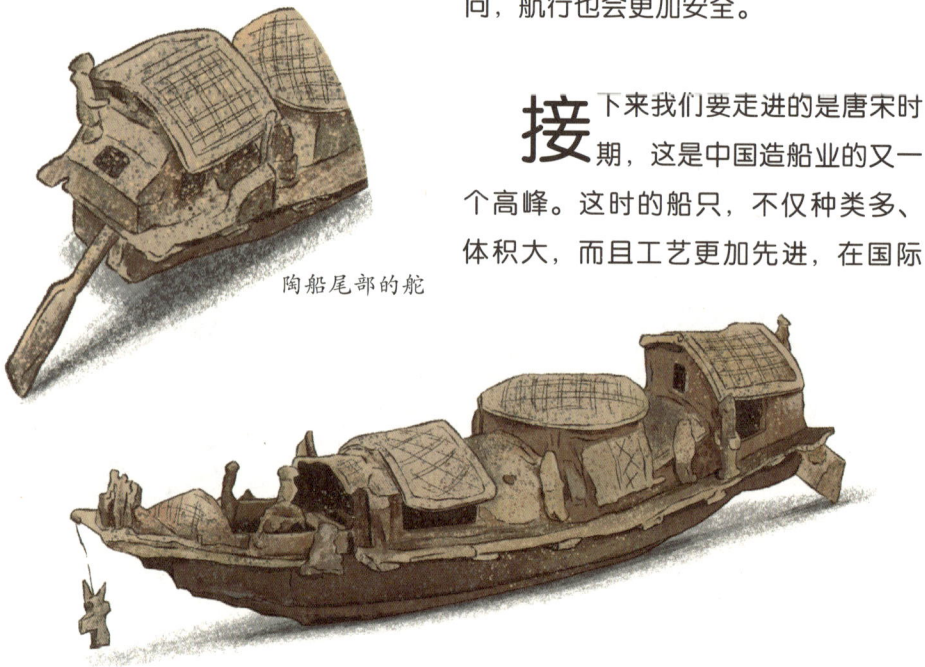

陶船尾部的舵

接下来我们要走进的是唐宋时期，这是中国造船业的又一个高峰。这时的船只，不仅种类多、体积大，而且工艺更加先进，在国际

汉代陶船（中国国家博物馆）

上都有很高的声誉。广东海上丝绸之路博物馆展示的"南海一号"沉船就是见证。

"南海一号"沉船是迄今为止我国发现的沉船中，船体最大、年代最早、保存最完整的。它的高度有4米，宽度有11米，长度居然达到了41.8米！

"南海一号"在海底沉没了800多年，给挖掘打捞工作带来了很大的挑战，从1987年8月被探测到开始，到2007年12月，考古人员前后用了20多年才完成整体打捞。船上保存了大量完好的金器、铜钱、瓷器等，光瓷器就有上万件，有着极高的历史价值。

这艘船上有一项值得我们关注的巧妙设计，那就是水密隔舱。简单来说，水密隔舱就是用木板等材料，把底部船舱分成几个独立的区域。"南海一号"的船体分了13个舱，隔舱用的木板有10～12厘米厚。正是这样的设计，使唐宋时期的船体安全性更高，船能够在海上航行得更远，在对外贸易和文化交流中发挥

"南海一号"沉船复原图
（广东海上丝绸之路博物馆）

"南海一号"沉船文物
（广东海上丝绸之路博物馆）

了很重要的作用。

说到明代的航海事业,你是不是想到了郑和下西洋的故事呢?郑和所率领的船队规模非常宏大,据说船只数量有240多艘,堪称历史之最!这些船只的体量也是古代最大的,其中郑和"宝船"长44.4丈,相当于现在的151米,是宋代"南海一号"沉船的3倍多!

郑和"宝船"复原模型

这么大的船,对造船技术的要求也就更高了,明代的造船场分布范围特别广,有南京的龙江船场、淮南的清江船场、山东北清河船场等。可以说遍布大江南北。这些造船场的规模也特别大,比如龙江船场一年可以建造200多艘大型海船。

正是这样高超的造船技艺和造船能力,为郑和大规模远洋航行提供了有力的支持。

百炼成钢

你有没有读过《钢铁是怎样炼成的》这本书？在书中，作者用"钢铁"形容主人公坚韧的品格。说起钢铁，你一定不陌生，在我们今天的生活里，钢铁可以说随处可见，大到高楼大厦、汽车、轮船，小到我们用的钢笔、转笔刀等，里面都有钢铁的零件。那么，钢和铁是一回事吗？它们之间有什么区别吗？今天，朋朋哥哥就要带你一起，从成语"百炼成钢"走近中国古代的冶铁炼钢技术！

出处

"百炼成钢"这个成语出自汉代文学家陈琳所作的《武军赋》。陈琳是东汉末年军阀袁绍手下的文官,他写的诗文和辞赋都非常有名。在这篇文章里,陈琳对袁绍大军打败公孙瓒的功绩大加赞赏,文章写得气势磅礴,其中有这么一句:"铠则东胡、阙巩,百炼精刚",向我们呈现了当时袁绍军队武器装备的精良。

"东胡"是春秋战国时期强盛一时的北方民族,"阙巩"则是春秋时期的一个诸侯国。整句话的意思是说:打仗所用的铠甲,首推是东胡和阙巩这两个地方生产的,那可是用百炼钢打造的!

"百炼成钢"也正是由此得来,成语原指生铁经过反复锤炼以后成为钢,后来比喻人经过艰苦生活或严酷斗争的长期考验后成为杰出的人才。

延伸

百炼钢是什么?在火药、炸药还没有发明的冷兵器时代,想要最大程度地重伤敌人,必须依靠坚硬且锋利的兵器,只有这样,才能在战争中取得胜利。所以,武器的坚硬和锋利程度成为问题的关键。而在金属材料中,无论是硬度、韧性,还是锋利程度,钢都远胜于青铜和铁。因此,炼钢技术的发明,无疑具有里程碑式的意义。

百炼钢是我国古代的一种制钢

古代打铁场面

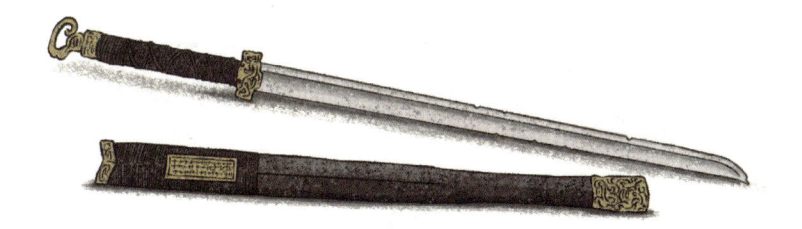

百炼钢刀

工艺，在炼制时，需要工匠们对钢铁进行反复加热和锻打，少则几十次，多则上百次，只有这样才能锤炼出钢中的夹杂物，使它的成分均匀、组织致密，进而提高钢的品质。这种钢制作艰难，不易获得，但性能极高，一直为人们所喜爱。

从出土文物来看，我国至少在春秋晚期就已经掌握最初期的炼钢技术了。而百炼钢技术大约出现于东汉晚期，并在当时被世人所推崇。在日本奈良的一处古墓中，就曾出土过中国东汉时期的百炼钢刀。

而到了魏晋南北朝时，百炼钢技术发展到了鼎盛时期。文献曾记载，三国时期，曹操命人制作"百辟刀"五把，也就是百炼的宝刀。到了唐宋之后，百炼钢才开始有所减少。

接下来，该和朋朋哥哥一起认识文物了！第一件文物是铜镡（xín）钢剑，出土于湖南长沙杨家山春秋后期的一座墓葬。它可是迄今为止我国考古发现的最早的钢制武器！

铜镡钢剑的"镡"字指的是剑柄与剑身的连接处向两旁凸出的部分，从名字中就可以看出来，这柄剑的镡是铜铸的，剑身是碳钢制成。这把剑通体长38.4厘米，虽然现在看起来外表已经锈迹斑斑，剑柄上的装饰物也已经残破了，但我

文物

铜镡钢剑（湖南省博物馆）

们依然可以从它的身上寻找到古代最早的锻造钢的痕迹。

说到这儿，你可能会问了，最早的钢到底是怎么得来的呢？它和铁之间有什么区别？其实，钢和铁最主要区别是含碳量的多少。碳元素以多种形式广泛存在于大气、地壳和生物之中，我们使用的几乎每一件东西里都有碳元素的存在，碳更是生铁、熟铁和钢的成分之一。按照现代标准，人们把含碳量高于 2% 的铁称为生铁，低于 0.02% 的称为熟铁，介于二者之间的则称为钢。不过，古人可没有我们如今这么精密的测量工具，他们大多是根据经验来区别，硬而脆的为生铁、柔软的为熟铁、坚硬有韧性的为钢。

据专家分析，这把铜镡钢剑的含碳量约为 0.5%，很可能是用生铁在炭火中加热，使表面渗入碳，再经过多次折叠锻打而制成的。锻造的过程中增加了含碳量，减少了其他杂质，提高了硬度和韧性。如果我们用放大镜看铜镡钢剑的剑身断面，还可以看到反复锻打的层次。

除百炼钢外，古代其实还有五十炼、三十炼、九炼等，分别代表着一定的工艺质量标准。我国古代许多锋利的宝剑、宝刀都采用了这样的方法。

接下来，我们来认识一下另一件文物——"永初"纪年钢刀，也叫苍山卅（sà）湅（liàn）钢刀。

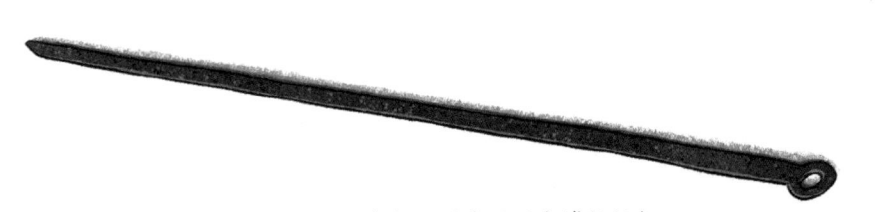

"永初"纪年钢刀（中国国家博物馆）

这是一把汉代钢刀，1974年从山东苍山收集而来，现在收藏在中国国家博物馆。刀全长111.5厘米，是前面讲到的铜镡钢剑的三倍长。"卅"是三十的意思，"湅"是"炼"的通假字，因此，"卅湅"指的就是"三十炼"，也就是说，这柄苍山卅湅钢刀使用的是"三十炼"的锻造工艺。经专家鉴定，这把刀是由含碳0.6%～0.7%的炒钢为原料，经过反复加热锻打制成！

> "炒钢"就是把生铁加热到液态或者半液态后，加入精矿粉，经过炒菜一样的反复搅拌翻炒，将含碳量降低到熟铁和钢的成分范围。这种技艺的优点是成分可控制，生产率很高，质量也比较好。但很可惜的是，古代炒钢法没能流传至今，早已失传。

盖棺定论

常去博物馆的小朋友可能会发现，很多文物都是出自不同的墓葬。古代人生前社会地位不同，死后墓葬的等级和陪葬的东西也不相同。想想看，墓葬里面什么东西最为重要呢？朋朋哥哥觉得，安放死者的棺木应该是最重要的。下面我们就从成语"盖棺定论"来说说古代的棺木。

出处

"盖棺定论"这个成语出自明代文学家吕坤《大明嘉议大夫刑部左侍郎新吾吕君墓志铭》:"善恶在我,毁誉由人,盖棺定论,无藉于子孙之乞言耳。"意思就是:一个人的是非功过,要到死后才能有所定论。

明朝的冯梦龙在《警世通言》里写道:"盖棺论始定。不可以一时之誉,断其为君子;不可以一时之谤,断其为小人。"意思是说,一个人的是非功过要到死后才能做出结论。不能因为一时的称颂就认为他是君子,也不能因为别人一时诽谤,就断定他是小人。也就是说,评价一个人要客观地看他一生的所作所为。

延伸

盖棺定论中的"棺",是一种葬具,它经常和"椁(guǒ)"一起出现,都是人死后墓葬中的用具。关于棺和椁的区别,《说文解字》里作了很明确的解释:"棺,关也,所以掩尸;椁,葬有木郭也。"意思就是,棺可以闭合,是用来盛放和遮掩尸体的东西;椁是套在棺外或绕棺四周的木匣子,用来保护棺材。

棺出现在新石器时代中晚期的仰韶文化(公元前5000—前3000年),用来象征墓主生前的住所,大都是木头、石头等制成。已知的木椁最早出现于大汶口文化(约公

棺、椁的区别

在古代文献中，有许多关于多重棺椁制度的记载，例如《礼记·丧大记》中说："君大棺八寸，属六寸，椑四寸；上大夫大棺八寸，属六寸；下大夫大棺六寸，属四寸；士棺六寸。"可见，古代的棺椁制度也是"礼"的一种规范。考古学家们挖掘出的墓葬，对于研究古代的礼制具有很高的参考价值。

元前4000—前2600年）时期。所以，椁要比棺出现得稍微晚一些。

随着文明的形成和发展，经历了夏、商、西周三代，在战国早期，多重的棺椁制度开始形成，一直延续到西汉。多重棺椁制度，就是不同的社会地位必须用不同的殡葬制度，所用的棺和椁的形制也不同。不过，西汉中晚期以后，棺椁制度就逐渐衰落了。有人说，这可能是因为崖洞墓和砖室墓的出现，这些墓的墓室本身就能起到椁的作用，因此可以有棺无椁。

文物

首先要给大家介绍的是曾侯乙墓。它是战国时期曾国国君曾侯乙的墓葬，位于湖北随州市。

曾侯乙墓在红砾岩里开凿，设置了木椁，椁内分为东、中、西、北四个墓室，东室安放墓主人的双重木棺。四个墓室的整体结构很特别，是不规则多边形。曾侯乙墓的椁室形制体现了典型的"周礼"特征。

"周礼"，就是我们所说的礼乐制度。从椁室整体结构上看，中室作为中心，放置的是随葬的青铜礼器和8种125件乐器。这说明曾侯乙墓的设计和建造是

曾侯乙墓示意图

曾侯乙编钟（湖北省博物馆）

以礼乐制度为核心的，体现了曾国对周王朝的服从和崇拜。

另外，我们都熟悉的曾侯乙编钟就出土于曾侯乙墓，现在收藏在湖北省博物馆。这套编钟称得上是"国之瑰宝"，它不仅数量最多、音质最好，同时也是保存最完整的编钟。编钟和附件上，还刻着乐理知识的铭文，体现了中国古代音乐文化的较高水平。

接下来，我们要看的是马王堆一号墓的棺椁。这座墓位于湖南长沙，它的发掘在当时非常引人注目，这是为什么呢？

首先，马王堆一号墓的主人，是西汉初期长沙国丞相利苍的妻子辛追。在发掘这座墓的时候，人们惊讶地发现，墓中的女尸竟然保存完好，历经两千年而不腐。

辛追夫人复原蜡像
（长沙马王堆汉墓）

墓穴从外向内一共分为四层：第一层是墓穴的封土；第二层是16米的夯土层；第三层是一种叫作白膏泥的防腐涂料，能够有效地隔断墓室与外界的空气和水的传播，形成密闭的环境；最后一层，也就是棺椁的周围，有着厚达30多厘米的木炭，具有很强的吸附能力和防潮能力。几层保护之下，辛追夫人才得以在两千年后完整重现于世。

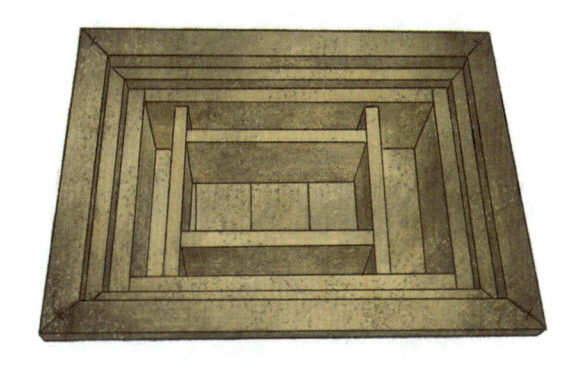

马王堆一号墓木椁（湖南省博物馆）

其次，这座墓葬的棺椁形制很特别。一号墓的椁室有五个部分，周围四个椁室主要放置随葬器物，中间的棺室用来放置多重棺椁。这种木椁构造形状很像一口方井，被称为"井椁"。

设计成"井椁"的形状有什么特殊含义呢？原来，这样的椁室结构，是对墓主人生前居住宫殿的模仿，加上棺椁中与衣食起居有关的大量随葬品，整个墓葬再现了贵族生前奢华的生活，也反映了墓主人希望死后能继续享受这些荣华富贵的愿望。

牧豕听经

你看过"麦兜"系列动画片吗？里面的主人公是一只呆萌暖心的小猪，它的名字叫麦兜，非常讨人喜欢。当然还有《三只小猪》《小猪佩奇》等，都给我们留下了很深的印象。从古至今，猪都是人类生活的重要伙伴，也是我们中国传统文化中"十二生肖"之一，比如说，朋朋哥哥出生在1983年，属相就是猪。我们今天要了解的"牧豕听经"这个成语就和猪有关，让我们一起来看看古代人是如何养猪的吧！

出处

" 牧豕听经" 讲的是一个励志好学的故事，这里的 "豕" 就是猪的意思。

成语出自记述东汉历史的《后汉书·承宫传》，讲的是一个名叫 "承宫" 的孤苦男孩儿，八岁就给别人家放牧猪羊。那时乡里有位很有学识的读书人叫徐子盛，会给好几百人上课。有一天，承宫在放牧的时候经过了学生们读书的地方，听到徐子盛正在讲《春秋经》，于是痴迷地站在门外，一边放猪一边听讲。他非常喜欢读书，于是恳请老师能够收留他做学生，哪怕给其他学生拾柴也可以。

因此，"牧豕听经" 这一成语，就被用来形容有些人读书很勤奋，求学很努力，可以一边放牧，一边读书。

延伸

朋哥哥听到这个成语后有好多疑问，为什么那时的猪不叫 "猪"，而叫 "豕" 呢？"豕" 其实是一个象形字，在甲骨文中，"豕" 看上去很像猪的形象。因此，有些专家认为，豕是在先秦时对猪的统称。而 "猪" 这个称呼，是在秦汉时期之后才慢慢使用起来的。

古人驯养野猪的历史很久远，可以追溯到距今一万年前，正是古代先民迈进新石器时代的时候。比如在河南舞阳的贾湖遗址中就出土了距今约 9000 年的家猪骨骼标本，在广西桂林甑皮岩遗址中发现了 67 个猪牙和颌骨。那时候，随着

> 想想看：
> 古人留下了很多描写勤奋好学的成语，除了牧豕听经之外，你还知道哪些呢？

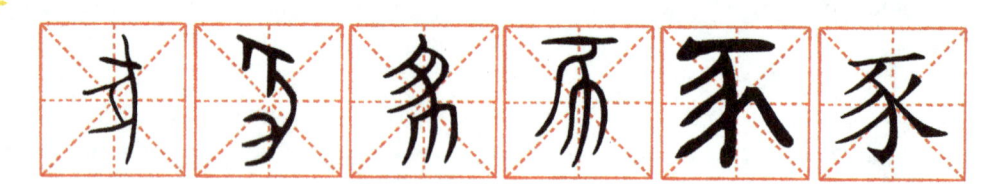

"豕" 字演变图

定居农业的发展，人们需要开发更多、更稳定的肉食来源，于是开始有意识地把猎捕回来的小动物畜养起来。有些专家认为，在距今大约 7000 年的时候，猪肉在古人主食的肉类中的比重就已经占到了 70%。

除了可食用之外，人们还常常以家中牲畜的多少来界定富裕程度，所谓"无豕不成家"。经过驯化的家猪性格温顺，而且繁殖能力强。一般情况下，家猪每年生产两次，每次能产 6~12 只小猪。家里面的猪越多，就代表生活越安定富足。

我们从"家"字的写法也可以看出猪的重要性。"家"的上半部分是"宀"、下半部分是"豕"，寓意着有一个能遮风挡雨的房子，里面还要有猪，这样安定富足的生活环境才可以称为"家"。

古时候，家家户户都养猪

文物

我们来认识两件和猪有关的文物吧！第一件文物，是来自湖南省博物馆的商代豕形铜尊，这可是我们迄今为止发现的商代青铜器中，唯一一件以猪为形例的酒器。

这头猪形象看上去青面獠牙，十分威猛。虽然通身长 72 厘米，高不过 40 厘米，但是体重却达到了 30 千克。想想看，既然是酒器，那么在哪里装酒呢？对了，是在它圆鼓鼓的肚子里。如果打开猪背上的凤鸟盖子往里倒酒，足足能容纳

13升！可以说，这样的祭祀，对天地的敬意也是显而易见了！

商代的祭祀活动非常频繁，有时候需要把礼器搬来搬去。但是怎么搬动这么重的豕尊呢？原来，古人在制作豕尊之前就已经想好办法了。在豕尊的前腿和后腿上方，分别有一个中空的孔洞，这其实是人们在铸造豕尊之前，焊接在豕尊模子中的两个中空的圆管，豕尊铸成之后，圆管处就形成了孔洞。搬运豕尊的时候，将绳子穿过孔洞，就能很方便地搬运了。

豕形铜尊（湖南省博物馆）

第二件文物是东汉的绿釉陶猪圈，收藏在故宫博物院。

绿釉陶猪圈的猪圈呈圆形，围栏镂空，栏内有一头胖乎乎的猪。陶猪圈旁的那个小房子是厕所，把厕所和猪圈相连是汉代湖南地区的习俗。

汉代时，养猪是一件很重要的大事，连皇帝家都有自己的猪

绿釉陶猪圈（故宫博物院）

圈，民间还有专门养猪的商人，从事"商品猪"的养殖和销售。因此，人们在死后，也会陪葬代表着财富的陶猪或猪圈，甚至在穿着金缕玉衣的死者手里，也要握着玉制猪握。

　　猪除了能够圈养，自然还有"牧豕听经"中提到的放养方式。因此，有人认为家猪的驯化最早应该就是放牧式的，后来才慢慢转成了完全的圈养。人们在距今两千多年前的云南石寨山遗址里就发现了"牧猪"的图画。

云南石寨山遗址"牧猪图"

如意算盘

你有没有想过,在现代的计算器、计算机这些设备出现之前,古人主要用什么来算数呢?相信你首先会想到的就是算盘了,这可是我们祖先的智慧发明之一,朋朋哥哥上小学的时候,在数学课上还学习过怎么使用算盘。算盘是古人生活中常用的工具,所以也流传下来很多相关的成语,"如意算盘"就是其中的一个。

出处

❝ 如意算盘"这个成语，最早出现在清朝李宝嘉的小说《官场现形记》里，在这部曝光晚清官场不良风气的小说中，讲了这么一个故事：

清朝有一个叫申守尧的官员，家里很穷，却到处摆官老爷的架子。他家的用人当着他朋友的面，让他脱掉衣服去典当行换钱买米，他很气愤，想要辞掉这个用人，却只肯付一点儿工钱。用人说："你倒会打如意算盘！十三个半月工钱，只付三个月！你同我了事，我却不同你干休！"用人表示哪怕同他打官司，也不许少给一分钱。结果，因为申守尧付不起用人的工钱，他的妻子只好使劲儿劝说用人，让用人继续留下来。

"如意算盘"的意思是说，考虑问题从自己的主观愿望出发，只从好的方面打算。平时我们该怎么使用这个成语呢？举个例子：跟朋友相处，如果不能坦诚相待，只打如意算盘、为自己着想，最后是不会如意的。

延伸

算盘，可以说是古代的计算器，别看它简单，却能够进行大量、复杂的数学运算。一副算盘的常见结构主要分为四部分：一是主体结构的框

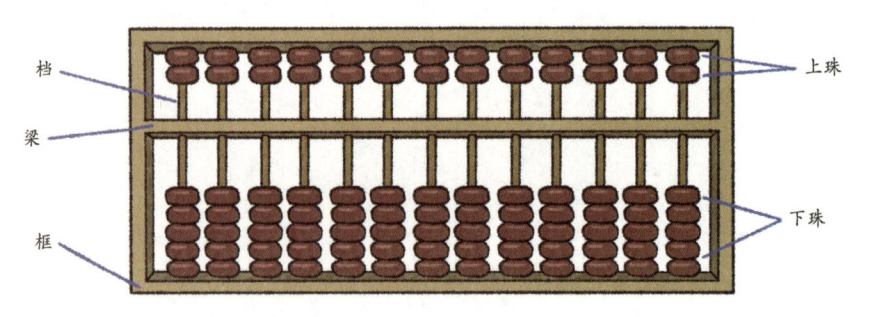

档　梁　框　上珠　下珠

算盘结构图

架,一般是长方形,也就是"框"或者"盘";二是横梁,它把算盘分为上下两个部分;三是一个个的算珠;最后一部分是"档",它把一列一列的算珠穿起来。明代以来,算盘横梁上面有两个珠子,每珠当作五;横梁下面有五个珠子,每珠当作一。

用算盘计算的方法,被称作珠算。我们常说的口语"三下五除二"就来自珠算的口诀"三下五去二"。口诀能让人轻松地记住算盘的用法,应对一般的会计、账面工作,方便算盘大范围推广开来。到今天,珠算已经被联合国教科文组织正式列为人类非物质文化遗产。

清代数学家梅启照等人认为,算盘的最早雏形是被记录在东汉徐岳所著的《数术记遗》里的一种算法——"珠算"。但近代的学者们则认为,当时的"珠算"只是一种计数工具,能进行简单的加减法而已,与后来的珠算有一定的差距。

在张择端创作的名画《清明上河图》里,出现了北宋时期的算盘,因此有学者称,算盘应该起源于唐朝、流行于宋朝。《清明上河图》描绘的是汴京城的繁华,画中赵太丞药铺的柜台上,放着一副15档串珠的算盘。

《清明上河图》中赵太丞药铺柜台上的算盘

这证明，至少在张择端所在的北宋之前，我国就已经发明和使用算盘了，而且这种算盘和现代的算盘差别不大。

除了计算的功能之外，算盘自古以来就有很丰富的寓意。古人常说"算盘一响，黄金万两"，算盘作为算钱的工具，意味着招财进宝、财源广进，是富贵的象征。同时，中国民间也常用"算盘"来象征精打细算、分毫不差，它经常出现在古代新娘的嫁妆中，警醒新娘学会"精打细算"地过日子。另外，算盘的构造也别有一番意味，它整体形状方正，给人正直、严谨的感觉，而一个个算珠穿在杆上圆滑灵动，就像人的性格一样圆融，所以算盘也包含着运筹帷幄、掌控天地的意思。

文物

我们要认识的第一件文物，是清代景德镇青花婴戏算盘，现藏在福建泉州博物馆。这副算盘呈长方形，大小跟一个多功能铅笔盒差不多，整体是瓷质，是仿木制算盘烧造的。算盘中间用一道瓷质横梁把瓷算珠分成上下两部分，上面的部分有 2 颗，下面的部分则是 5 颗，一共应该是 11 档 77 颗算珠，但是有一串损坏了，因此少了 2 颗。算珠穿在细小的瓷柱上，可以沿着细杆上下拨动。

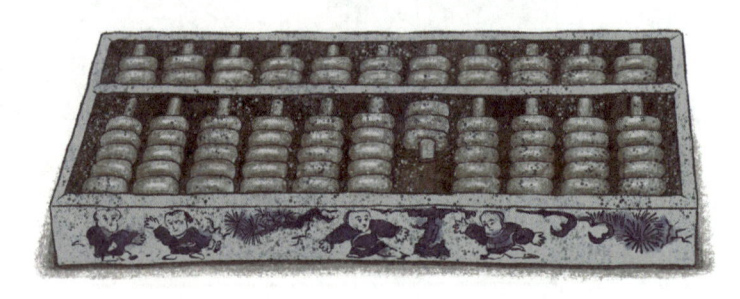

清景德镇窑青花婴戏算盘（泉州市博物馆）

相对于其他算盘,这副算盘最特别的地方在于它身上的青花图案,描绘的是"松下婴戏"的场景。图上画着十个小孩子,他们头脑饱满,身着蓝袍,额头上都梳着一撮三角发髻。这十个小孩儿在松树下尽情地跑呀、追呀,自得其乐、憨态可掬,让人看了赏心悦目。

第二件文物是清代的子玉算盘。子玉算盘的得名源自它的设计者周懋琦。周懋琦,字子玉,是清代晚期的一名爱国官员。近代中国第一座海军船厂福州船政局成立后,他曾经作为当时福州船政局的官员,率领技术人员一同设计中国第一艘钢甲巡洋舰——"平远"号。

这套子玉算盘其实是由两副算盘组成,它们与古代的算盘有一些细微的区

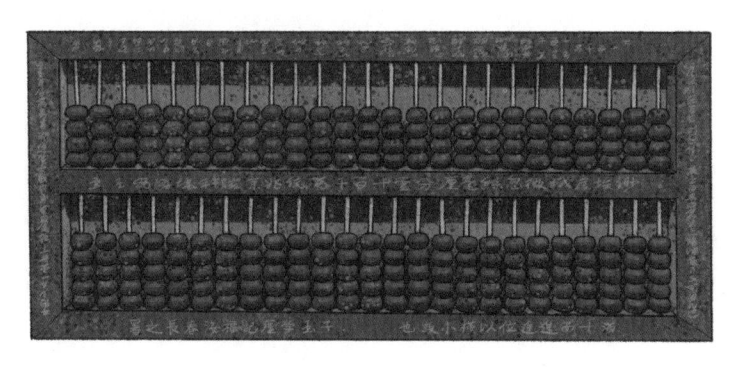

25档"上四下五珠"子玉算盘(中国珠算博物馆)

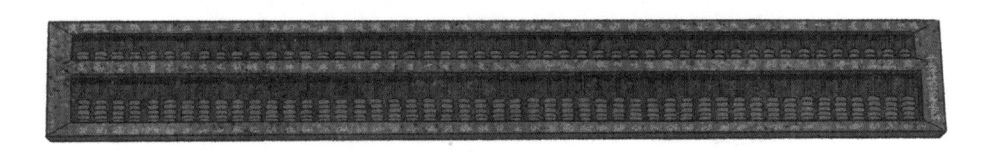

49档"上二下五珠"子玉算盘(中国珠算博物馆)

别：第一，其中一副算盘，共有25档算珠，每档横梁上面是四颗算珠，不同于一般算盘横梁上的两颗；第二，算盘的边框和横梁上，都刻满了很多文字，包括详尽的计量单位、进位关系和计算方法。

　　周懋琦为什么要设计制造子玉算盘呢？这其实与他的工作经历有很大的关系。当时，周懋琦奉命设计制造"平远"号。在设计的过程中，他发现一般的算盘无法满足工作中大量、复杂、艰难的计算问题，所以特地设计了这两把奇特的算盘，并以它们为工具，算出了制造军舰的大量数据。

> 20世纪60年代时，我国科学家邓稼先带领研究团队，在没有先进计算机的情况下，就是用一把把小小的算盘，完成了原子弹研究所需要的大量繁杂、艰苦的运算。所以，我们中国原子弹的成功研制，也有算盘的一份功劳呢！

驷马难追

　　我们今天出门，会根据路途远近选择不同的交通工具，可是在古代，古人没有那么多选择，马车是最常见的出行方式。主人身份等级不同，乘坐的马车也大不相同，尤其是拉车的马匹数量，有着很严格的规定。我们常会听到这样一句话："君子一言，驷马难追。"今天，朋朋哥哥就通过"驷马难追"这个成语，来和你讲讲古代车马的故事。

出处

"驷马难追"源自《论语·颜渊篇》,篇中有一章记录了棘子成与子贡两人讨论"文采"重要性的一段话。棘子成是春秋时卫国的一个大夫,子贡是孔子的一名学生。

> 在古代,一人一马为"骑",驾两马为"骈",驾三马为"骖",驾四马为"驷"。

棘子成问:"君子质而已矣,何以文为?"意思是,君子只要有好的本质就可以了,何必再要讲究文采呢?子贡却不这样认为,他说:"惜乎,夫子之说君子也!驷不及舌。文犹质也,质犹文也。虎豹之鞟犹犬羊之鞟。"这番话的意思是,可惜啊,先生竟这样来论说君子。这可是一言既出,驷马难追啊。文采犹如本质,本质犹如文采,两者同样重要。虎豹皮如果去掉了花纹的毛,那就和去掉毛的犬羊皮是一个样了。

子贡说的"驷不及舌",意思就是,一句话说出口,四匹马拉的车也追不回。"驷"指的是套着四匹马的车,"舌"在这里指的是说出去的话。"驷不及舌"后来演变为我们现在常说的"一言既出,驷马难追",比喻一句话说出来,再也无法收回,引申为信守承诺、说话算话的意思了。

延伸

河南殷墟商代晚期马车

古代马车的历史非常久远,目前在我国境内年代最早的马车实物,是河南殷墟出

周王城天子驾六博物馆外景

土的商代晚期马车,至今已发现了数十辆。这时候的马车可以作为交战和贵族代步的工具。

到西周时期,出现了专门的车马制度。从周王到诸侯、卿大夫,主人身份高低不同,享用的马车配置就不同——地位越高,马车就越豪华,拉车的马匹也就越多。《逸礼·王度记》记载:"天子驾六,诸侯驾四,大夫驾三,士二,庶一。"其中提到的六匹马共同驾车,是只有周天子才能够享受的待遇。在河南洛阳有一座遗址博物馆,就叫作周王城天子驾六博物馆,你有兴趣的话可以去看一看。

春秋战国时期,诸侯之间战争频繁,尤其盛行车战。诸侯国之间使用几百乘、几千乘的战车进行作战的事情经常发生。当时,拥有的战车数量是衡量一个诸侯国军事实力的重要标志,所以就有"百乘之国""千乘之国"这样的说法。这里的"一乘",指的不只是一辆战车,还有战车后面由几十个人组成的步兵方阵,以及再后面几十人组成的后勤补给队伍,这样加起来叫作"一乘"。如此看来,"千乘之国"的实力还是很强大的。

文物

秦始皇陵的兵马俑很多小朋友都熟悉,但是你知道吗?那里还出土了两套铜车马。

秦始皇陵铜车马是1980年在陕西临潼秦始皇陵西侧被发现的,分一前一后

秦始皇陵铜车马(秦始皇帝陵博物院)

两乘，车马的大小大约是真人真马的二分之一，它们是目前发现年代最早、形体最大、保存最完整的铜铸车马。

前面一号车是立车，也叫高车、戎车，用来打仗和狩猎。前面拉车的正是"驷马"。

后面的二号车是安车，乘坐起来宽敞、舒适。这架马车分为前后两个车厢，有椭圆形的车盖安在两个车厢的上面。车厢之间有窗户，前车厢的驾车官可以跟后车厢的主人传递消息。另外，车厢的两边还有小窗户，可以随时了解外面的情况。

关于这两套车马的用途现在还有一些争议。有人说它们是祭祀天地用的祭器，也有人说它们是放在秦始皇陵墓里的随葬品。虽然用途还没有很一致的说法，但是铜车马的精湛工艺是有目共睹的。

> 错磨就是摩擦的意思，制作者参考马身体不同部位的毛，把铜丝错磨成不同的走向，再涂上彩色，就能仿制出真实的皮毛感。

二号铜车马马脖子上的缰绳，是用很细的铜丝交织在一起做成的。铜丝的直径大概只有半毫米，相当于小朋友的四五根头发丝加起来那么粗。另外，二号铜车马还用到了错磨和彩绘工艺。这样一来，铜车马不只是细节上很逼真，还有真实的质感，艺术价值很高。

接下来要介绍的第二件文物是一块辎车画像砖。辎车是指有帷帐的车，可以隔离车外面的环境，相对安静和安全。画像砖个头很大，比我们现在盖房子用的砖头大很多，它起源于战国，在两汉时期发展到了高峰。

这块画像砖向我们展示了汉代妇女乘辎车出行的场面。这驾辎车的最大特点是，车厢和车盖相连接，车盖把车厢屏蔽起来，车厢两侧开窗，后方开门，车厢内既可以坐着休息，也可以躺着休息。

汉代辎车主要是给妇女乘坐的，史书中有很多处都记载了皇帝的母亲、皇后

辎车画像砖（中国国家博物馆）

或者后妃乘坐辎车出门的情景。通过这块画像砖，我们不难看出，车马虽然在古代被用来当作代步工具，但它不是一般人能够享用的，能乘车马出行的人，一般都有一定的社会地位和实力。

青出于蓝

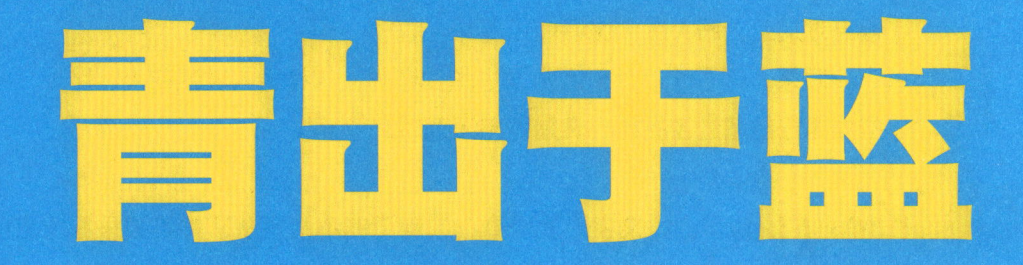

瓷器，是中国人引以为傲的一项伟大发明，中国的英文名称"China"也有瓷器的意思。说起瓷器，大概不少人一下子就能联想到青花瓷。自元代以来，这种瓷器就广泛出现在了古人的生活里。奇怪的是，我们在博物馆展柜里看到的青花瓷的花纹明明是蓝色的，为什么却被叫作"青花"呢？青和蓝到底是什么样的关系？让我们通过"青出于蓝"，来一起了解一下吧！

释义

"青出于蓝"这个成语出自战国时期的一篇古文《荀子·劝学》,这篇文章的主旨是劝勉人们勤奋学习,我们在高中的语文课本中也会学到,感兴趣的小朋友可以找来阅读一下。

文章里有这样一句:"青,取之于蓝,而青于蓝。"这里的第一个"青",指的是一种靛青色的颜料。原义是说,靛青色的颜料是从蓝草里面提炼出来的,但经过加工之后,颜色比蓝色还要深。

后来,这个成语用来比喻学生超过老师,或者后人胜过前人。比如:他踢球的技术已经超过了教练,真是青出于蓝啊!

延伸

从最早的金文字形上来看,"青"的本义是从矿井里面采掘出来的青色矿石。古人把这种矿石研磨成粉末,然后就可以做颜料了。可见,青色最早应是绿色的意思。

但是,古代的"青"除了表示绿色之外,还可以表示黑色。唐代大诗人李白有一首特别有名的诗《将进酒》,里面有一句"朝如青丝暮成雪",这里的"青

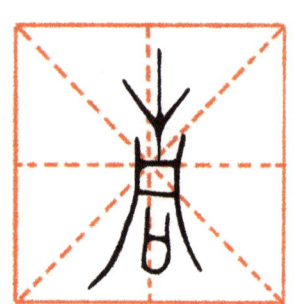

"青"字的金文写法

丝",其实指的就是黑色的头发。

而青出于蓝的"蓝",是对可以用于制作靛蓝颜料的很多种蓝草植物的统称。明代宋应星在《天工开物》里也提到茶蓝、蓼蓝、马蓝等蓝草,经过一系列的化学处理可以生成蓝色沉淀物,人们就用它们来染色。这种蓝色沉淀物,就是我们所说的"靛蓝",又称"靛青"。

文物

我们要认识的第一件有关色彩的文物,是著名的《千里江山图》。这是一幅青绿山水画,是九百多年前北宋时期的画家王希孟在他十八岁的时候画下的。这幅画全长将近12米,描绘的是烟波浩渺的江河、层峦起伏的群山,穿插其间的还有隐秘在山林里的建筑、行驶在江上的小船、正在游玩出行的人们等等。

这幅画现在被收藏在北京的故宫博物院,虽然历经近千年,但画面的颜色依然鲜艳动人。这是因为,绘制它的颜料可不是一般颜料,而是矿物宝石!在大部分人眼中,矿物宝石的珍贵在于可以用来制作首饰,但在艺术家的眼中,它们可是绘画的上等材料。

《千里江山图》所使用的是色彩经久不变的矿物质石青和石绿。石青,又被

王希孟《千里江山图》卷局部(故宫博物院)

称为蓝铜矿，是一种含铜的矿物，颜色为深蓝色或浅蓝色。石绿，又叫孔雀石，因为它的颜色为翠绿或草绿色，非常像孔雀的羽毛。这两种矿物经过细致研磨，变成微小的颗粒，再经过一道道工序加工，最后成为绘画的颜料。《千里江山图》中蓝色与绿色的完美配合，营造出了令人惊叹的山水世界。

> 釉下彩瓷，是指在瓷坯上面描绘图案，然后施上一层透明釉，再入窑烧制的瓷器。这种瓷器因为彩色在透明釉的下面，所以叫作釉下彩瓷。从元朝之后成为人们非常喜欢的瓷器品种。

元青花萧何月下追韩信图梅瓶
（南京市博物总馆）

朋朋哥哥开篇

提到了青花瓷，现在我们就来看一件著名的国宝级青花瓷文物——青花萧何月下追韩信图梅瓶，它可是南京市博物总馆的镇馆之宝。

这件青花梅瓶之所以被大家所珍视，主要有以下几点原因：首先是用料上乘，用氧化钴做呈色剂所呈现的蓝色鲜艳明亮；其次是这种带有人物故事图案的元青花非常少见，有相当独特的艺术地位；此外，青花瓷是中国釉下彩瓷的代表，因此这件瓷器的工艺价值也非常高。

据说，为了杜绝被仿制，这件梅瓶在展出的时候，总是把瓶上的萧何对着观众，却不见韩信和艄公的真容。你下次去博物馆参观的时候可以留意一下哦！

琴瑟和谐

你跟爸爸妈妈一同参加过别人的婚礼吗？为了祝福新人，亲朋好友们总会送上一些吉利的话语，比如永结同心、百年好合、早生贵子等。其中有一个成语非常独特——"琴瑟和谐"，里面包含了两种乐器，乍一看和婚姻似乎没什么关系。那么为什么这两种乐器可以用来表达夫妻恩爱呢？

出处

"琴瑟和谐"最早出现在《诗经》的第一首诗《关雎》篇里。《诗经》是中国最早的一部诗歌总集,收集了西周初年到春秋中叶的三百多首诗歌。

《关雎》是一首描写男女爱情的诗歌,共有十句。可能很多小朋友对其中的两句并不陌生:"关关雎鸠,在河之洲。窈窕淑女,君子好逑。"

其实,"琴瑟和谐"的出处就藏在后面的一句里:"窈窕淑女,琴瑟友之。"意思就是贤良美好的女孩子,希望我能演奏琴瑟打动她。后来,就慢慢地衍生出一个成语——琴瑟和谐,用来比喻夫妻关系和谐。

> 《诗经》是中国古代诗歌的开端,也是中国最早的诗歌总集,据传为孔子编订。在先秦的时候被称为《诗》,西汉时期被尊为儒家经典,始称《诗经》。《诗经》包括"风""雅""颂"三个部分,其中,"风"是各地歌谣,"雅"是正声雅乐,"颂"是王朝和宗庙祭祀的音乐。

延伸

琴和瑟是两种弦乐器的名称,它们在合奏的时候,声音非常协调,悦耳动听。琴是指流传到今天的古琴,由木头制成,带有空腔,用丝绳作弦。最初是五根弦,后来改成了七弦,所以也叫作七弦琴或瑶琴。从商朝到现在,古琴已经有三千多年的历史了,是中国最古老、最重要的传统乐器之一。

> 想想看:琴和瑟这两种乐器有什么区别?

古琴

古瑟

瑟最早有五十根弦,之后减为二十五弦。它也是我国最早的弹弦乐器之一,先秦时就很盛行,比如考古学家在战国早期的曾侯乙墓里就发掘出土了十二具瑟。汉代至唐代,瑟曾经广泛流行,但后来渐渐地退出了历史舞台。

接下来,我们就来看看和这两种乐器有关的文物吧。要说古琴,就不能不提浙江省博物馆收藏的落霞式"彩凤鸣岐"七弦琴,它制造于唐代,距今已经有1300多年的历史了。

"彩凤鸣岐"七弦琴上刻着"大唐开元二年雷威制"。雷威是唐代一位著名的古琴制作家,现在故宫所藏的"九霄环佩"琴也是他制造的。

"彩凤鸣岐"七弦琴的声音雄浑洪亮,适合表现比较宏大、有气魄的乐曲,属于文人造琴式样。古代造琴式样基本分为三类:一是圣人造琴,如仲尼式、神农式、伏羲式等;二是文人造琴,如落霞式、蕉叶式、连珠式等;三是帝王造琴,如襄王琴、潞王琴等。造琴人会根据自己的审美,对琴身的式样进行改变和调整,每张琴都体现着人和琴的完美融合。

我们再来看一件瑟中的精品——西汉黑漆二十五弦瑟,它出土于著名的长沙

文物

在现代民乐的表演中，最常出现的还有古筝。这是一种自战国时期流传下来的弦乐器，音色清亮，优美动听。

马王堆汉墓，现收藏于湖南省博物馆，是已知保存最为完整的古瑟之一。这件瑟的系弦方法很有趣，是在弦头打着漂亮的蝴蝶结。传说此为素女所制。素女，又称白水素女，是中国神话传说中擅长鼓瑟的女神。黄帝曾下令素女鼓瑟，听后非常悲伤，难以承受，之后就将瑟的五十弦减为二十五弦。

鼓瑟有两种方法：一种是把瑟横放在膝盖前面，双手同时来弹奏；另一种比较特殊，是把瑟的一端放在膝盖上，另一端斜放到地上，右手弹奏膝盖上一端的弦，左手则按着瑟的中部。

唐落霞式"彩凤鸣岐"七弦琴（浙江省博物馆）

想想看：这样的演奏方式你在哪里还见到过呢？

二十五弦瑟（湖南省博物馆）

釜底抽薪

熟悉朋朋哥哥的小朋友都知道，我是个很爱美食的吃货，不仅喜欢吃，还很喜欢做，家里光做饭用的锅就有好多种。你知道古人做饭用什么工具吗？有一种叫"釜"，在我们日常生活中经常会提到，比如说，"解决问题要从根本着手，釜底抽薪才是最好的办法"。那么"釜"到底是什么呢？除了做饭，它还有其他的用途吗？"釜底抽薪"又是怎么来的呢？

出处

这个成语最早的来源是《汉书·枚乘传》，其中有一句："欲汤之沧，一人炊之，百人扬之，无益也，不如绝薪止火而已。"后来，在南北朝时，被一个叫魏收的人写在了给皇帝的奏章里。这篇文章叫《为侯景叛移梁朝文》。

当时，东魏的大将军侯景举兵反叛，投降南方梁朝的皇帝，魏收认为对于这样反复无常的人，应该用很坚决的方法去处理。于是在文中写道："抽薪止沸，剪草除根。"

但是这个成语最终定型，还是在明朝的《礼部志稿》里："扬汤止沸，不如釜底抽薪。"这句话的意思是，与其把沸水舀起来再倒回去，以图阻止沸腾，不如把锅底的木柴给抽走，让水自然凉下来。比喻要从根本上解决问题。

> "釜底抽薪"也是古代兵法《三十六计》中的一计。《三十六计》是中国古代三十六个兵法策略，成书于明清时期，是中国古代兵法的集大成者。如果你有兴趣的话，不妨了解一下《三十六计》的故事吧！

延伸

"釜"经常出现在古代的成语和诗句当中。三国时魏国的曹植有首很著名的《七步诗》，里面有这样两句："煮豆燃豆萁，豆在釜中泣。"

其实，釜就是古代用来烹饪的一种工具，一般底部是圆的，没有支腿儿。新石器时代大都是陶釜，为了耐得住火的高温，有时还会在陶泥里掺入沙子。后来青铜冶炼逐渐成熟，出

日本仍在使用的现代铁釜

> 在河南安阳殷墟妇好墓里，出土过一件三个连在一起的大蒸锅，叫作三联甗（yǎn），距今已有三千多年的历史了。这件藏品现收藏在中国国家博物馆，有机会的话可以去展厅找找看。

"妇好"青铜三联甗（中国国家博物馆）

现了青铜釜。秦汉时期，冶铁业有了很大的发展，铁比青铜更耐高温，而且导热的功能也更好，所以铁釜就成为常用的炊具了。直到今天，不少地方的人家做饭还会用类似的炊具。

釜没有支腿儿，必须要借助其他的物体作为支架来支撑。当然，也可以把它挂起来使用。最合适的方法，还是把它放在密闭式的灶台上燃烧加热。

后来，人们还会在釜的上面放上一个像盆子一样的容器，容器的底部带有许多孔眼，像不像我们家里用的蒸屉？上面这个带孔的容器叫作甑，下面配合使用的釜，让这个炊具有了"蒸"的作用。可不要小瞧这项本领，它让我们祖先餐桌上的食物种类变得更加丰富。

考古发掘出的釜有很多，我们先看收藏在中国国家博物馆的一只陶釜，是1973年在浙江余姚河姆渡遗址出土的。这件陶釜身上有两处很特别的地方，一是它的制作方法，二是它的颜色。

文物

陶釜（中国国家博物馆）　　　　"子禾子"青铜釜（中国国家博物馆）

　　我们首先来看看它的制作方法。这件陶釜是用泥片贴筑的方法制作的，就是先把陶泥弄成泥片，然后层层贴起来，直到形成最终的样子。这是古代先民们在新石器时代早期普遍使用的一种方法。

　　那么陶釜为什么是黑色的呢？专家们认为，釜身上的黑色是因为里面掺入了稻壳、稻叶等，在烧制的时候这些材料变黑，导致陶釜也呈现黑色。掺这些东西的目的是防止陶器在烧制完了之后裂开，古人是不是很聪明？有意思的是，考古工作者还在河姆渡遗址的另外一只陶釜的残片上，找到了烧焦的米饭锅巴。

　　另一件文物是一只青铜釜——"子禾子"青铜釜，

> 关于齐国田氏家族使用青铜釜做量器，还有个很有趣的故事。春秋时期田氏家族的田乞，在每年国家向老百姓征收粮食时，就用容量小的釜；等到给老百姓们发粮食的时候，就换容量大的釜。老百姓都对田乞心存感激，打心底里拥戴他。慢慢地，田氏一族在齐国赢得了民心，势力日渐强大，最后田氏后代取代姜姓吕氏做了国君，这就是有名的"田氏代齐"。

同样收藏在中国国家博物馆。这可不是用来做饭的炊具，而是战国时期齐国铸造的一件量器。

"子禾子"是一个人的名字，是当时田氏家族里的田和做大夫时的称呼。釜下面的铭文虽然已经有破损和腐蚀，但依然能够辨认出九十个字，内容主要是告诫官吏们要使用标准量器，不得犯戒舞弊，违反的人会论其轻重施以相应的惩罚。

添砖加瓦

小时候，长辈们经常会嘱咐我们："你一定要努力学习，学好本领，将来好为祖国的建设添砖加瓦。"这句话里用到了一个成语"添砖加瓦"，在句中的意思是为祖国的建设贡献一份力量。但也许你会好奇，这个成语是怎么来的？中国古代的砖和瓦又有哪些故事呢？

出处

我们前面讲到的成语，有的来自古代的重要典籍，有的来自历史上的名人故事，而"添砖加瓦"和它们都不太一样，它来自人们的日常生活。原义是指在建造房屋的时候，需要不断地添加垒砌砖瓦，才能盖好房子。后来，常被用来比喻人们在工作当中尽一点力量，做一些贡献，对工作和事业起到推动作用。

古人造房

延伸

中国是世界上最早烧制砖瓦的国家之一。中国古代建筑最常用的两种材料，一种是木头，另一种就是砖，形成了独有的"砖木结构"，和西方的石结构建筑完全不同。

说起砖的历史，早在四五千年前，古埃及人就已经会制作泥砖了，他们用泥砖来盖房子、修墓葬等，但这些砖都是直接在太阳下自然晒干的。

而大约6000年前，中国古人就开始烧造红烧土作为建筑材料，这些红烧土被认为是砖的雏形。生活在距今大约5000年前的陕西省蓝田县新街遗址的先民们就已经会烧制砖块，在这处遗址中曾经出土了五块残砖。考古学家还在陕西石峁遗址发现了大约4000年前的陶瓦。到了西周中晚期，古人烧砖的本领越来越高超，甚至造出了世界上最早的大型空心砖。到秦代时，制砖的水准已达到巅峰，不仅原料选择和工艺程序非常严格，还有专门的机构监管烧砖。正是有了先进的建筑材料支撑，才建造出了规模盛大的咸阳宫。

中国古代建筑必不可少的一环，是覆盖在屋檐之上的瓦片。三千年前的西周时期，瓦已经普遍生产，开始用于建筑。秦汉时期瓦的烧制技术更加先进，还能根据建筑整体的需要，烧制出不同造型和大小的瓦，使建筑的质量有了大幅提高。

砖木结构中国古代建筑

秦代的砖、汉朝的瓦，都是青史留名的建筑材料，代表了那个时代的最高水平，所以人们常常把它们连在一起称呼，叫作"秦砖汉瓦"。

想想看：
你知道瓦片是用什么材料制成的吗？古人为什么要制造瓦片，用它盖在屋顶上呢？

文物

接下来，朋朋哥哥选择了两件珍贵的文物，和你一起来认识一下秦砖和汉瓦。

首先，我们来看一块龙纹空心砖，它是1974年在陕西省咸阳市秦咸阳城1号宫殿遗址出土的，现在收藏在中国国家博物馆。这块砖非常大，长约100厘米，宽有38厘米，厚度达到了16.5厘米。砖上面的花纹是两条首尾相衔、相互交织的巨龙，看上去十分霸气。

仔细观察这块砖，我们会发现，空心砖的侧面有很多孔洞，为什么要这样设

龙纹空心砖（中国国家博物馆）

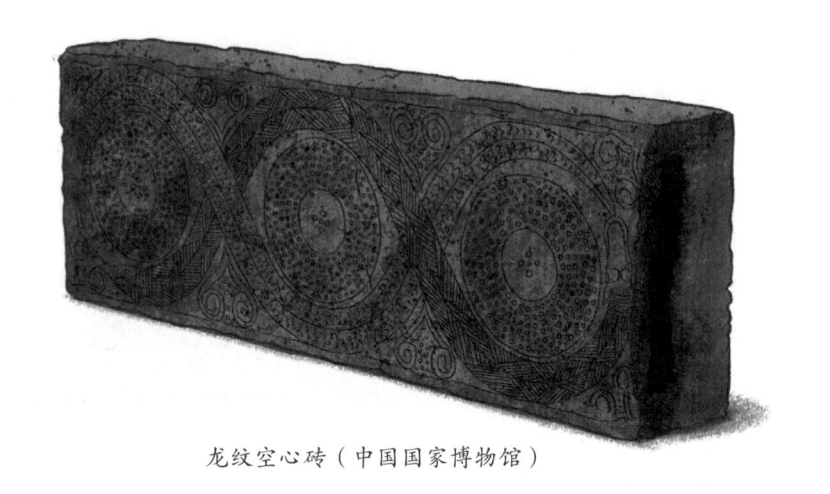

计呢？其实是因为在烧制砖块的时候，加热导致的空气膨胀容易使砖裂开，所以就设计了这种用于出气的孔。

那么，这样的空心砖用在建筑的什么地方比较合适呢？我们看到，这种砖的体积很大，用来砌墙显然是不合适的，它的真正用途是用来铺设"踏步"的。这里的"踏步"指的是供人上下行走的台阶。这块龙纹空心砖就出土于战国时代秦咸阳宫的一座台榭的基址上。如果你感兴趣的话，不妨去趟国家博物馆，找找这块神奇的龙纹空心砖吧！

看过了秦砖，我们再来看看汉瓦，朋朋哥哥要给你介绍的是四神瓦当。瓦当，就是中国古代建筑中屋檐最前面的那一片瓦，它不仅能保护木质飞檐，还美化了整个屋面。在汉代时，瓦当制作非常兴盛，它上面的纹饰主要分为四类：卷云纹、动物纹、四神纹和文字。

这组四神瓦当是西汉末年王莽时期的作品，1956年在西安汉长城遗址出土，

> 陕西西安有座秦砖汉瓦博物馆，收藏了从西周到明、清各个时期的古砖和瓦当3000多块，是国内馆藏砖瓦数量和品类最多的专题博物馆。如果你感兴趣的话，一定要去看看哦！

共有四块，大小分量均相同。图案分别是青龙、白虎、朱雀、玄武，代表了天空的四个方位：东方是青龙，南方是朱雀，西方是白虎，北方是玄武。

四神也叫作"四象"或"四灵"，它们的形象对于很多小朋友来说并不陌生，无论是玩游戏还是看小说，都会经常看到。

在汉代，四神被视为神力的象征，有驱邪除恶、镇宅吉祥的含义。王莽用四神瓦当来装饰王莽九庙，以祈祷江山永固。可惜的是，王莽建立的新朝好景不长，王莽九庙被后来反抗的起义军一把火烧成了灰烬。新朝历时很短，再加上人为的破坏，所以这种专为帝王宗庙使用的四神瓦当存世数量非常有限，具有很高的收藏价值。

四神瓦当（西安秦砖汉瓦博物馆）

纸上谈兵

有句老话不知道你有没有听说过："光说不练假把式，光练不说傻把式，又练又说真把式。"历史上就有一个非常有名的"假把式"，他就是距今两千多年前战国时期赵国的将军赵括。今天朋朋哥哥要讲到的成语"纸上谈兵"就和他有关，但重点不是赵括本人，而是要通过他和大家聊一聊"纸"的故事。

出处

赵括"纸上谈兵"的典故,早在汉朝时司马迁所写的《史记》里就已有记载,后来才从这个典故里提炼出了"纸上谈兵"这个成语。

根据《史记·廉颇蔺相如列传》所说,赵括是赵国名将赵奢的儿子,在父亲的影响下,他从小就开始学习兵法,非常善于谈论如何用兵打仗。可是他父亲赵奢认为,打仗是出生入死的事情,并不像谈论的那么轻松,所以赵国绝对不能任用他为大将。

到了赵国和秦国在长平(今山西省高平市)两军对阵的时候,秦国使用计谋让糊涂的赵孝成王派赵括为将军,取代了老将廉颇。赵括按照自己在兵书上看到的办法来应战,把大军全部派出去,与秦军作战,结果赵军大败,四十多万赵军被秦军大将白起全部活埋。这就是著名的长平之战。

后来,人们就用"纸上谈兵"这个成语形容那种只会在书面上谈论用兵策略的人。之后又进一步引申,用来比喻不联系实际情况、空发议论。比如:有的人面对社会上的一些具体问题,只会纸上谈兵,而不亲自到基层去做调研,了解实际情况,所以不能真正解决问题。

纸上谈兵

延伸

说到纸，大家可能再熟悉不过了，我们看书、写作业都离不开纸。但是你知道纸的历史吗？造纸术可是我国举世闻名的"四大发明"之一呢！

根据专家的研究，我国在西汉时期就出现了纸的雏形，已经出土的纸张，有居延金关纸、扶风中颜纸、罗布淖（nào）尔纸中的一些残片等。但是这些纸的雏形，制作工艺还比较简单，质量也相对粗糙。直到东汉时期，蔡伦改良了造纸术，纸才开始取代简牍和缣帛，成为书写和画画的主要材料。

唐宋时期，造纸的原料变得更加多样，制作水平也有了明显提高，全国各地都开始利用不同的原料，采用不同的制作方法，生产出各式各样的纸。而且纸张还走出国门向西方传播，最远到了今天的阿拉伯地区。

明清时期，我国的造纸业发展到了鼎盛时期，不过乾隆时期以后，随着外来机制纸的

现代纸张

蔡伦造纸

想想看：
回忆一下，我国古代的"四大发明"指的是哪四项呢？

传入，我国的手工纸开始逐步退出历史舞台，成为珍藏在博物馆里的历史记忆。

文物

接下来，我们就通过收藏在博物馆的两件文物，来更加具体、细致地认识一下我国古代的纸。第一件文物是收藏在中国国家博物馆的汉代扶风纸，这是保存至今的西汉麻纸的残片。

这件麻纸残片，是1978年12月在陕西省扶风县一个工厂的陶罐里发现的。当时经过扶风县图书馆工作人员的整理，发现这个陶罐中有铜器、古钱币等90多件文物。在一个铜泡里还藏着小纸团，展开以后，就是我们今天所看到的扶风纸。考古学家根据这件陶罐所埋藏的位置、陶器的外形特征以及陶罐里的钱币等文物综合判断，这应该是西汉宣帝时期的遗物，距今将近2100年。这说明，扶风纸比东汉蔡伦改进的"蔡侯纸"早了150多年，这改变了人们对造纸历史的认识。

这件麻纸残片颜色是乳黄色的，还略微发黑；整体形态看起来非常粗糙，甚至还可以看到不少的麻纤维束和没有完全打散的麻绳头；纸浆分布得非常不均匀，构成纸的植物纤维非常松散地联结在一起。因此可以看出，这还是最为原始的纸的状态。即便如此，这件麻纸残片还是证明了西汉已经在造纸业上迈出了最早、最关键的一步。

扶风纸（中国国家博物馆）

第二件文物，是收藏在中国国家博物馆的清代粉白地暗花双龙戏球纹宣纸。这是清代宫廷所使用的宣纸，上面的双龙戏球图案，显示了皇家的尊贵气象。

宣纸，是我国最有名气的一种纸，产生于距今一千多年前的唐代，因为产地在当时的宣州府（今安徽省泾县）而得名。那里之所以能生产出举世闻名的宣纸，离不开当地的两大特产——青檀树和山泉水。

粉白地暗花双龙戏球纹宣纸（中国国家博物馆）

青檀树是我国特有的树种，生长在宣州府所处的皖南丘陵地带。它的树皮纤维细长，粗细均匀，所以用它造出来的纸更加柔韧，吸墨、韵墨的性能也非常好。而根据科学家对皖南地区的山泉水化验的结果发现，当地的水质十分优质，用这样的水造出来的宣纸，长期保存不会褪色和变脆，因此被称为"千年寿纸"。古代很多古籍、名家书法、绘画作品都使用了宣纸，才得以保存至今。直到今天，喜爱书法、绘画的人们，仍喜欢用宣纸来进行创作。

你如果感兴趣的话，可以到国家博物馆去找找这张宣纸，顺便了解一下古代的造纸技术究竟是怎样一步一步发展到今天的。

想想看：
除了纸，古代还有很多其他书写材料，比如甲骨、石头、简牍等。你还能想到哪些呢？

鹿死谁手

传说，远古时代的黄帝部落和蚩尤部落，曾经在涿鹿进行了一场大战。这场仗打得惊天动地，据说当时的战场上天昏地暗、飞沙走石。那最终鹿死谁手呢？最后黄帝战胜了蚩尤，牢牢掌握了中原大地的统治权，成了天下共主。朋朋哥哥这里提到了成语"鹿死谁手"，它是怎么来的呢？关于鹿还有哪些故事呢？

出处

"鹿死谁手"出自唐代房玄龄等人给前朝编修的史书《晋书》。故事说的是东晋时期,后赵的开国皇帝石勒在一次宴会中问自己的臣子徐光:"我能比得上自古以来的哪一位君王呢?"徐光拍马屁地回答:"您非凡的才智超过了汉高祖刘邦,卓越的本领赛过了魏太祖曹操。三皇五帝之后,没有人能比得上您,您是轩辕黄帝第二啊!"

石勒听了徐光的回答就笑了,他说道:"我还是非常了解自己的,你未免也太抬高我了!如果我遇到汉高祖刘邦的话,一定会做他忠心的部下,在他的麾下,大概会和韩信、彭越这样的名臣争个高低。要是遇到汉光武帝刘秀,我就和他一决雌雄,我们之间的争斗还不知道究竟鹿死谁手呢!"

这里,"鹿死谁手"中的"鹿"比喻被猎取的对象,往往用来隐喻被争夺的政权。这个成语原本是说不知道大权会落在谁的手里,现在多用于泛指在比赛当中,不知谁会取得最后的胜利。比如:世界杯冠军的争夺异常激烈,究竟鹿死谁手,要到最后一刻才能见分晓。

鹿死谁手

在我国，鹿很早就出现在了古人的生活里。考古学家在周口店北京人遗址里找到了很多鹿的骨头。因为鹿的特性，古人赋予了它很多特别的含义，使它成为吉祥长寿的象征。

我们观察一下"鹿"字的甲骨文写法，有两个地方非常突出：一个是它睁开着的充满警惕的眼睛；另一个是它高昂着的、硕大夸张的鹿角。公鹿头上的角每年都会脱掉，第二年又会长出新的，就像开始新的生命一样，所以在原始祭祀活动里，巫师头上会戴着鹿角。鹿具有很敏锐的观察力，善于发现周围所面临的危险，这是一个团队的首领应该具备的能力，所以甲骨文中"首领"的"首"字，就像是个长着大眼睛的鹿头。

后来，鹿逐渐成为人们非常喜欢的动物，它的形象越来越多地出现在不同的事物中，寓意也更加丰富。比如说，"鹿"字的发音和官员俸禄的"禄"字是一

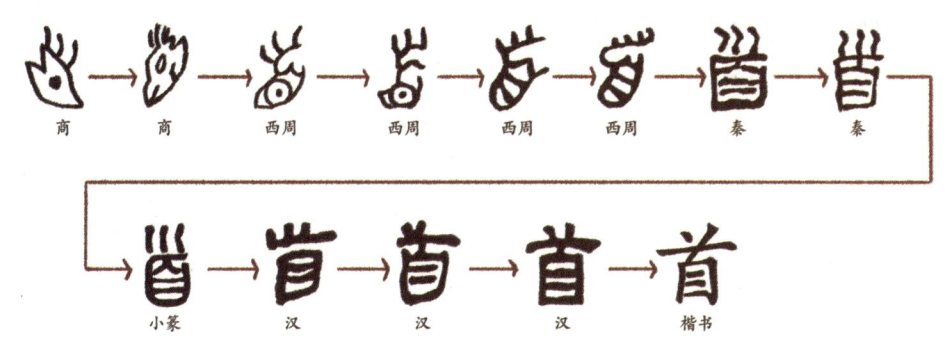

"鹿"字的甲骨文写法

"首"字的演变

延伸

样的，因此鹿可以用来代表官运亨通。"福禄寿"三星当中的禄星就骑着一头梅花鹿。古人还认为鹿是非常长寿的动物，所以常常把鹿和仙鹤放在一起，表达对老人长寿的祝福。

鹿还是帝王仁德的象征，古人认为，如果皇帝施行仁政，就会有白鹿出现。紫禁城的御花园里曾经有个观鹿台，台下就是个鹿圈。

除此之外，鹿也代表着隐士精神，古代隐士常常会戴上梅花鹿皮的帽子。有个成语叫"鹿衣牧世"，就是用来比喻那些有才能的隐士，即使隐于山林，他们高尚的情操依旧能影响天下。

鹿的性情温顺，在佛教文化中可以找到很多和鹿有关的故事，比如九色鹿。

九色鹿

文物

接下来，我们就来认识两件和鹿有关的文物吧。

第一件文物是颐和园里的铜鹿。在颐和园里，乾隆皇帝为母亲建了一座乐寿堂，它背靠万寿山，前临昆明湖，在颐和园中占据十分重要的位置。乐寿堂的前面，台阶的两边对称排列着铜铸的梅花鹿、仙鹤和大瓶各一对，取的是"六合太平"的意思。

> "六合"出自《庄子·齐物论》，唐代成玄英为它作注，解释为："六合，天地四方。""六合"就是天下，所以"六合太平"就是"天下太平"。在古音当中，"鹿"和"六"发音相同，都读作"lù"，"鹤"和"合"、"瓶"和"平"发音相近，所以乾隆借用谐音，用这些意象寓意"六合太平"。

我们再来看一件年代更早的青铜鹿。这件文物是1965年2月在江苏省淮安市的三里墩出土的，是一只距今两千多年的西汉青铜卧鹿。铜鹿是仿照成年梅花鹿铸造的，伏卧在地上，身体的后背略微向左侧倾斜，头和脖子昂起，两只耳朵直直耸立，两只眼睛眺望前方。

这只青铜卧鹿的犄角分成四叉，通高达到了52厘米，有一个成年人的手臂那么长！可是鹿的身体才26厘米高，是角的一半，看上去好像比例不太对。其实，这是为了它的实用功能而特别设计的。这只卧鹿是一个铜镜的支架，铜镜就支在鹿角之上，因此鹿角又长又大。在这座墓葬的同一位置，考古工作者们还发现了一件蟠螭纹铜镜呢！

颐和园乐寿堂前的铜鹿

西汉青铜卧鹿（南京博物院）

前程似锦

朋朋哥哥的老家在陕西关中的一个小县城，2002年夏天，我拿到大学的录取通知书，也意味着要离开生养自己19年的家乡了。临出发前，在亲朋好友的各种聚会上最多的祝福语就是："祝你前程似锦。"现在回想起来，"前程"还是有的，至于是不是"似锦"，可能每个人的标准都不同。

出处

这个成语出现在七八百年前的元代。那时杂剧在市井百姓中间很流行，一个叫贾仲明的人写了个剧本，讲的是男女间的爱情故事，叫《对玉梳》。在故事即将结尾时，女主人公的唱词里有一句"想着咱锦绣前程，十分恩爱"。"锦绣"和"前程"的组合，表达的是对将来事业发展的祝福，对未来人生道路的憧憬。

锦和绣本是两样东西，"锦绣"既可指精致鲜艳的丝织品，也可指美丽的、美好的东西，我们常会说"锦绣山河""锦绣文章"等。在唐诗宋词中，我们就能找到许多"锦绣"，比如李白的这首诗：

上皇西巡南京歌十首
（其二）
唐·李白

九天开出一成都，
万户千门入画图。
草树云山如锦绣，
秦川得及此间无。

意思是说，成都这个地方的草啊，树啊，云啊，山啊，组合在一起，就像锦绣一样美丽，关中长安的风光，哪里比得上这里呢！

延伸

锦，是丝织品中的一种，材料是彩色的丝线，用提花技术来织就，工艺复杂，外观绚丽。在东汉末年刘熙的《释名》里，对锦有这样的说明："锦，金也。作之用功重，其价如金。故惟尊者得服。"意思是说，锦制作起来特别复杂，价格贵得像金子一般，所以只有身份尊贵的人才能穿。

其实，早在周代就已经出现了锦。汉代官府还专门设置了织室、锦署这样的机构，专门负责织锦。也就是在这一时期，四川成都一带生产的锦，不论是在质量还是在产量上都非常突出，被称作"蜀锦"。

自古以来，成都和锦有着千丝万缕的联系。三国时，锦成为蜀国重要的贸易商品，蜀汉政权为了更好地管理，还专门设置了"锦官"。流经成都市区的两条岷江支流，因为漂洗织锦的原因而得名"锦江"。人们会用"锦城"或"锦官城"来代指这座美丽的城市，杜甫笔下的"晓看红湿处，花重锦官城"就是最动人的写照。

织锦

后来，东晋时代的南京云锦、宋代的苏州宋锦，还有在壮族地区盛开绽放的壮锦，都成为"锦"这个家族中的重要成员。

1995年10月，考古工作者在新疆和田地区的沙漠里找到了一小片墓地，在其中的8号墓里发现了两具干尸，同时发现了这件护膊。后经专家分析，墓主人很可能是西域古国精绝国的国王或王族。汉代时，这里曾是丝绸之路上的交通要塞。

锦作为织物，是很不好保存的，尤其是一两千年前的织物，更是难得。在2002年1月国家文物局发布的首批禁止出国（境）展览文物的目录中，就有一件非常难得的珍品织物，它就是著名的五星出东方利中国锦护膊。

文物

五星出东方利中国锦护膊（新疆维吾尔自治区博物馆）

想想看：
有人认为，这块锦应该就是产自四川成都一带的蜀锦。那么，产自中土的织锦，是怎样来到了千里之外的新疆地区呢？

　　这块锦护膊长 18.5 厘米，宽 12.5 厘米。虽然面积不大，但丝线密密麻麻的，一平方厘米的面积中，竟然有 220 根经线（纵向的线）、48 根纬线（横向的线）。此外，更让人惊叹的是上面的图案和文字，巴掌大小的锦上，绣有凤凰、麒麟这样的瑞兽，中间居然还穿插着八个清晰的汉字：五星出东方利中国。

　　五星，指的是水星、金星、火星、木星和土星，它们同时出现在东方的天空，这在古人心中可是个很重要的征兆，预示着对国家有利。那对国家的什么事情是有利的呢？其实，这块锦并不是完整的，它是从一整块锦上裁剪下来的，中国丝绸博物馆复原了这条护膊的原锦，八个字的后面还有十三个字：讨南羌，四夷服，单于降，与天无极。羌族是生活在西北地区的少数民族，因此，这块锦连起来就是说：这样的天象对朝廷有利，最适合讨伐南羌了。很多人认为，说的是西汉时汉宣帝派遣赵充国攻打羌族的事情。

就像《释文》中讲到的那样，锦是"惟尊者得服"。在古代，最尊贵的人莫过于皇帝了。尤其是明、清两代皇帝的正式服装，基本都是云锦制作而成的。

下面这件云锦龙袍的主人，是明朝的万历皇帝。这只是件皇帝在日常生活中所穿的衣服，通常叫作"便服"，与我们所理解的上朝所穿的龙袍不同。即便如此，我们依然能感受到这件龙袍的奢华和贵气：龙袍上织着18条彩龙、540只仙鹤、540个灵芝，还有1045个金灿灿的"寿"字。

万历皇帝云锦龙袍复制品（定陵博物馆）

龙袍从万历三十四年开始织造，到万历四十七年完成，历时长达十三年。这件龙袍完成的第二年，万历皇帝朱翊钧就去世了，因此，他生前可能都没有来得及穿过。

做件衣服为什么要花这么长时间呢？说起来，云锦的制作非常不易，工程量非常大，上万根丝线整齐地排列在织机上，拉动这一根，再牵动另一根，还要考虑颜色、图案的设计，一分一毫都不能出错！据估算，两个熟练工一天也只能生产出 5～6 厘米，而这件龙袍工艺又非常复杂，每天只能织出来 2～3 厘米。

可惜的是，由于埋藏地下 300 年，这件龙袍变得腐朽不堪，早已没有了往日的光彩。于是，在 2006 年 1 月，受定陵博物馆委托，南京云锦研究所对这件龙袍进行了复制。为了能最大限度忠实于原文物，专家们就连使用的机器也是明代的织机，经过三年时间，终于复制成功。

> 想想看：
> 云锦中会大量使用金银做成的丝线，甚至鸟兽的羽毛，那要是皇帝的龙袍脏了的话，需不需要清洗呢？

> 1958 年 5 月，考古工作者打开了定陵的地宫，这是位于北京市昌平区的明十三陵中的一座，埋葬的是明朝万历皇帝朱翊钧和他的两位皇后。墓中出土了 3000 多件珍贵的随葬品，绚丽多彩的丝织品更是难得。

郑人买履

说到鞋子，我们都非常熟悉，每个人都有很多双不同类型的鞋子，有正式场合穿的皮鞋，户外运动时穿的运动鞋，到海边沙滩度假时穿的凉鞋，等等，还有人会专门收藏鞋子。朋朋哥哥就有个好朋友非常喜欢篮球鞋，家里的柜子里摆满了各种品牌的篮球鞋。那古人会穿什么鞋子呢？他们是不是也有很多款式的鞋呢？下面朋朋哥哥就通过"郑人买履"这个成语，来和大家聊聊古代鞋子的故事。

出处

"郑人买履"这个成语来自战国时期法家的代表作《韩非子》中的一个寓言故事。

故事说的是:有个郑国人想要买一双鞋,他事先拿尺子量好了自己脚的尺寸,随手放在了家里。到集市上把鞋子挑好之后,才发现忘记了拿尺码,于是急忙回家去取。等他回来时,集市已经散了,最后没有买到鞋。有人问他:"你为什么不用自己的脚直接去试呢?"他回答说:"我宁愿相信尺码也不相信我自己的脚。"

"履"就是鞋的意思。"郑人买履"这个成语后来用来讽刺那些墨守成规、只信教条、不顾实际的人,告诫我们对待事物要会灵活变通,不能死守教条,要尊重客观现实,从实际出发。

延伸

远古时期的人们是不穿鞋的,传说黄帝的臣子于则发明了鞋。那时候人们穿的鞋是用皮革或者草、麻编成的。不同材质的鞋有不同的称呼,比如草鞋叫"履"(也有一种记载说麻和皮做的鞋为履),麻或葛制成的鞋叫"屦(jù)",皮

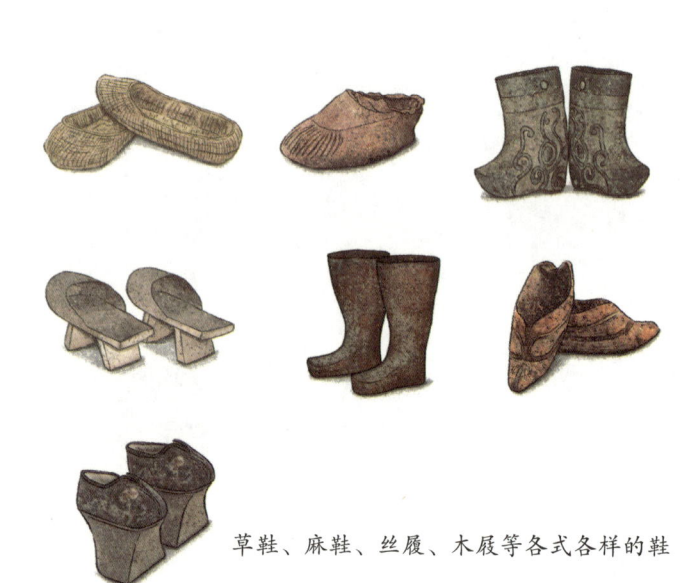

想想看:为什么这几个代表鞋的字,偏旁都是"尸"字头呢?可以去查查这些字最早的样子哦!

草鞋、麻鞋、丝履、木屐等各式各样的鞋

革做的鞋叫"扉（fèi）"，细绳编的鞋叫作"屩（juē）"。

在战国以前，鞋子的总称为"屦"，"履"原本只是指单底的鞋。战国之后，"履"逐渐取代"屦"，成为鞋的统称。

随着丝织技术的发展，后来出现了丝履，不过这是商周时期的王公贵族在祭祀时才穿的鞋，又叫作舄（xì）。根据礼制，商代的百姓是不可以穿丝履的，但汉朝之后才逐渐走进民间。而"鞋"这个称呼，是隋唐以后才有的。

有一点值得我们注意，古代人的鞋不分左右脚，就连码数也是从唐朝才开始有的。

文物

说完了鞋的历史，我们来看看和鞋有关的文物。湖南省博物馆收藏了一双青丝履，是在湖南长沙马王堆一号汉墓出土的，它的主人是我们熟悉的轪（dài）侯夫人辛追。

这双青丝履保存得比较完整，鞋长 26 厘米。履面是菜绿色丝缕，底部是用麻线编织而成的。和它一起出土的还有三双鞋，都是歧头方履。"歧头"指的是鞋前面有两个翘起来的角，"方"指的是鞋头是方形的。这些鞋都有系带，穿的时候可以把鞋口缩紧，不容易掉。

我们再来看一种大家不太熟悉的鞋——木屐。下面这件文物是在安徽省马鞍山市朱然墓出土的一双漆木屐。朱然是三国时期东吴的一名大将。

考古发现最早的木屐是新石器时代晚期的，大约距今 4000 年。而这双木屐则是

丝履（湖南省博物馆）

漆木屐（安徽省马鞍山市博物馆）

目前中国发现最古老的"漆"木屐，有一千七百多年的历史，属于中国首批禁止出国（境）展览文物。从外形上看，这双漆木屐长20.7厘米，宽9.6厘米，厚0.9厘米；屐板前后是圆的；系绳的孔有三个，前面一个，后面两个。

关于木屐的由来，还有一个和"寒食节"相关的故事。

在春秋战国时期，晋国公子重耳流亡到外地，途中没有吃的，跟他一起逃亡的介子推就割下自己大腿上的一块肉，煮了肉汤给重耳喝，重耳十分感动。之后重耳回到晋国成为春秋五霸之一的晋文公，但他奖赏陪他一起逃亡的属下时，却忘了介子推。介子推没有主动请求奖赏，而是带着母亲隐居山中。晋文公知道后派人去找，因为介子推一直躲避，晋文公就下令烧山，好让介子推主动出来，最后却发现介子推和母亲一起被活活烧死了。晋文公非常悲痛，就把介子推的死难日——清明节前一天定为寒食节，这一天所有人不得生火做饭，以表示对介子推的纪念。晋文公又让人把烧剩下的木头做成木屐，用它的声音时刻提醒自己不要再重蹈覆辙。

一直到汉代，木屐都是很时尚的，东汉时期又出现了漆木屐。木屐最盛行的时期则是魏晋南北朝时期，东晋的诗人谢灵运发明了一种可以拆卸齿的木屐，上山的时候去掉前齿，下山的时候去掉后齿，便于走山路，被人称为"谢公屐"。唐朝时，木屐传到了日本，流传至今。宋朝以后，人们还会把木屐当雨鞋穿。

想想看：
在中国，你觉得木屐是南方人穿得多，还是北方人穿得多呢？说说你的理由吧。

有的放矢

新学期快到了,朋朋哥哥也要开始忙碌起来。假期结束前,你会不会跟我一样提前做好学习计划和安排?有的(dì)放矢,心中有数,才能在老师讲课的时候,更好更快地掌握知识点。说到这里,你知道"有的放矢"是什么意思吗?

出处

这个成语是从南宋思想家叶适的《水心别集》中演化出来的。书中说道:"论立于此,若射之有的也,或百步之外,或五十步之外,的必先立,然后挟弓注矢以从之。"意思是论点立在这里,就像射击有了靶子,不管是相距一百步还是五十步,都必须先设立靶子,然后才可以弯弓搭箭对准目标射击。

"的"指的是箭靶子,后来也比喻为目标;"矢"指的是箭。"有的放矢"最初的意思就是指射箭的时候要瞄准靶子,现在多用来比喻说话、做事等要有明确的目的性和针对性。

延伸

箭是古代战争中重要的远程射击兵器。不同时期、不同地域对箭有不同的称谓。商周时,"矢"是箭的官方名字,到秦汉时期"箭"的称呼才逐渐大众化,但在齐鲁地区也通常会用"镞"来指代整支箭。"镞"就是箭头的意思。

一支完整的箭,包括箭镞、箭杆、箭羽和箭栝(guā)。

箭镞通常是用坚硬的材料磨制而成,例如石头、金属等,锋利无比,适合战斗。

箭杆则一般用木头或者竹子制成,都是圆柱体,

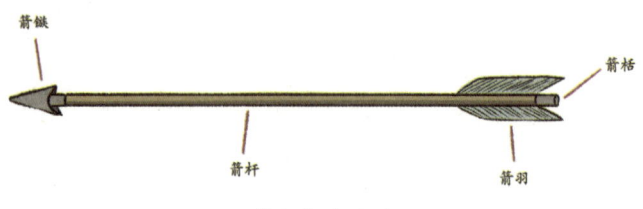

语文课本中有一篇课文叫《草船借箭》。故事讲的是三国时期,诸葛亮联合东吴共同对抗曹操,而东吴的大将军周瑜却故意刁难诸葛亮,让他在十天之内造出十万支箭,这在古代是根本不可能完成的任务。可诸葛亮通过观察天气以及自己的神机妙算,第三天就不费一兵一卒,通过草船向曹操"借"来了十万多支箭。

箭各部位名称

能够保证箭的平衡。

箭羽是整个箭矢的调节部位，也是整支箭的关键。别看一支箭可能只粘着三根羽毛，但能保证箭在飞行时的平稳和方向。制作箭羽最好的材料是雕鹰的羽毛，粘羽毛的胶一般是动物胶，容易受潮发霉，所以勤快的士兵还会经常烘烤自己的箭，以保证打仗的时候能稳定发挥。

箭栝是箭杆末端的凹槽，用于扣弦瞄准，提高射击的命中率。

文物

下面我们通过了解考古出土的文物，来认识一下箭镞的历史。

起初，先民们在猎捕野兽的时候，会借助简单的石器。到了旧石器时代中晚期，人们学会了制造弓箭，并开始使用石头做的箭头，这就是最初的箭镞，也叫作矢镞。1963年，在山西省朔州市的峙峪（shì yù）村发掘出土了一枚石镞，距今有28000多年，是我们目前发现的最早的箭镞。

从最初的狩猎，到后来的战争，弓箭始终被人们广泛地使用。新石器时代，弓箭的射程能达到80米到100米，这让先民们猎捕野兽更方便，应对自然的能力也更强了。在我国各地新石器时期的文化遗址中，都曾经发现过用石头、骨头、蚌壳等材料磨制而成的箭镞。在江苏大墩子遗址，还曾经出土了一具腿骨带有箭伤的骨架，箭镞完好地保留在腿骨中。

旧石器时代石镞
（山西峙峪遗址出土）

新石器时代石镞

秦铜箭镞（秦始皇帝陵博物院）

到了秦代，箭镞进化成了三棱锥形，三个棱面的弧度几乎完全相同，就像现代的子弹头。从1974年开始，秦始皇陵兵马俑坑里陆陆续续出土的箭镞多达四万件！专家们按照箭镞的大小，把它们分成了轻镞、重镞和超重镞三类。

这三种镞大不相同，各有用途。轻镞一般长9.1厘米到19.1厘米；重镞一般长33厘米；而超重镞每一支都长41厘米左右，其中镞首4.5厘米，镞铤（插入箭杆的部分）长约36.5厘米，虽然长短差距很多，但是镞首的重量竟然和镞铤的重量一样，都是50克。这样一来，箭的重心都在箭杆中，有利于箭矢平稳地飞行。箭镞制作得如此标准和精良，可见秦人在生产这些武器时进行了严格的质量把控。

秦代数量众多又锋利无比的箭镞，是怎么铸造出来的呢？首先是设立专门的制造机构，比如工室、少府工室、寺工等，兵马俑坑内这四万多件箭镞大部分都是由寺工制造的。其次是完善的管理制度，秦国针对兵器制造采取的制度是三级监造责任制，也就是兵器上都要标注兵器的监造者、主造者和制造者的身份、姓名，这样的制度也叫作"物勒工名"。此外，秦国的律法规定，制作同一种器物，它的大小、长短、宽度等必须相同。我们从超重镞的精确数据中，就能感受到秦国工匠们精益求精的精神了！

"物勒工名"，始于春秋时期，指器物的制造者要把自己的名字刻在器物上面，以方便管理者检验产品质量。

一言九鼎

　　说到鼎，常去博物馆的小朋友一定不陌生。我们在日常生活里，也经常会使用一些关于鼎的成语：讲到三方势均力敌，叫"三足鼎立"；有人想夺取国家的政权，叫作"问鼎中原"；形容一个人说话特别有分量，叫"一言九鼎"……为什么鼎这么重要呢？它在历史上又扮演了什么样的角色呢？朋朋哥哥就以"一言九鼎"这个成语为例，来和你聊聊鼎的故事。

出处

"一言九鼎"最初出现在西汉史学家司马迁所著的《史记·平原君虞卿列传》中。原文是:"毛先生一至楚,而使赵重于九鼎大吕。"

故事讲的是,在战国时期,秦国军队包围了赵国都城邯郸,赵国国君孝成王派平原君去楚国求援。平原君本来打算带二十个门客去楚国,结果第二十名门客一直定不下来。毛遂就到平原君那儿自告奋勇,提出一同前往。当平原君带着门客来到楚国后,楚王对援赵的事情一直都没有给予明确答复。这时毛遂就对楚王说:"您一言不发,却别忘了楚国虽然兵多地大,但是也连连败退,甚至丢了国都啊!依我看,楚国比我们赵国更需要联合抗秦啊!"他的话让楚王心服口服,答应出兵援赵。由此,平原君感叹毛遂的口才真好,一席话便使赵国的威望重于九鼎。

"一言九鼎"的字面意思就是指一句话抵得上九个鼎的重量,形容言语特别有分量,能起到决定性的作用。

一言九鼎

延伸

早在新石器时代，我国就出现了鼎，那时的鼎都是用陶泥制作而成的，主要的用途是做饭，也可以当作储存东西的器具。到了新石器时代晚期，很多陶鼎开始具备了祭祀的属性，成为部落首领或者重要祭司在死后的陪葬品。

公元前21世纪，中国开始进入青铜时代，青铜鼎成为宗庙祭祀时用到的重要礼器。此后，不同的时代、不同的地域，都出现了很多形制各异的青铜鼎。从造型来看，大致可以分为晋式鼎、楚式鼎和越式鼎三种。我们见到最多的是晋式鼎，有圆形的，也有方形的，有四条腿的，也有三条腿的；楚式鼎的形制更加活泼，耳朵外撇，鼎身是收腹细腰；越式鼎就比较简单了，很像圆形的锅下面加了细细长长的支腿儿，直到现在，在南方很多少数民族同胞的家里还能看到。

陶鼎

晋式鼎、楚式鼎、越式鼎

西周时期，为了维护宗法分封的制度，对各级贵族享有的待遇规定十分严格。在祭祀天地和祖先时，能够用到的鼎的数量多少，不仅取决于个人的财富，更取决于社会身份地位的高低。因此，鼎被赋予了显赫、尊贵的含义，成为王权的象征。但是自秦代之后，周礼不再被人们所遵从，鼎的王权意义也逐渐消失了。

文物

我们来看一件国之重器——后母戊鼎。它是迄今为止所有出土的鼎当中最重的一件，重量达到了 832.84 千克。如果加上铸造时管道里浪费掉的青铜熔液，铸造这个鼎，需要将近 1000 千克的青铜，这可不是三五个人就能完成的工作。有的专家测算后认为，铸造这个鼎，需要至少一千五百人共同配合才能完成。

> 考古工作者在后母戊鼎的里侧找到了铭文，起初专家们解读为"司母戊"，但现在更多人认为应该是"后母戊"。"后"指的是王后，"母"指的是母亲，"戊"指的是这个主人公死后的庙号，这是一位商王为了纪念他母亲而铸造的青铜鼎。很多人觉得，这位主人公应该是商王武丁法定的妻子之一。

这件青铜大鼎在铸造的时候用到了很多先进的技术。比如，它的两个"耳朵"就是在做好了鼎身之后，加上陶范再次铸造出来的，用到的是"二次合铸"技术；工匠们专门把鼎的四条腿做成空心的，这样可以避免铸造过程中因为膨胀系数不同而导致鼎足断裂。

后母戊鼎身上的花纹也特别值得我们去看。它的"耳朵"上有老虎吃人的画面，四周还有各种怪兽的形象，当我们绕着它走一圈时，能真切地感受到三千多年的威严与神秘感。

这件后母戊鼎现在被收藏在中国国家博物馆，常年展出于"中国古代青铜艺术"展厅，有机会一定要去看一看。

接下来我们再认识一件周代的青铜鼎，它就是上海博物馆的镇馆之宝——大克鼎。

这个鼎通高有93.1厘米，虽然没有后母戊鼎那么重，但重量也达到了201.5千克。大鼎的内壁上有两段铭文，一共有28行，290个字。讲的是一个叫克的人因为祖先的功绩，受到了周孝王的封赏，得了土地和奴隶，并被任命为膳夫，负责传达王命等重要任务。西周的官职是世袭的，青铜器的铭文往往都是记录祖先的功绩，这不仅是出于礼仪的要求，也是后世向王室表达忠心的方式。

大克鼎称得上是青铜艺术的杰出代表。商朝的青铜器给人以狞厉之感，而周朝的青铜器则给人以庄重之美，同样有兽面纹装饰，但带给人们的感觉却不同。这件大克鼎的花纹很特别，连绵起伏，十分灵动。

大克鼎也是我国第一批禁止出国（境）的文物，有机会去上海的话，千万不要错过哦！

后母戊鼎（中国国家博物馆）

大克鼎（上海博物馆）

荆钗布裙

《红楼梦》是中国古典四大名著之一，朋朋哥哥前后读过七八遍，每一遍都有不同感受。在这部小说里，作者讲述了很多女子不同的命运故事，其中最著名的十二位被称作"金陵十二钗"。"金陵"是故事发生的地方，"钗"是女孩子头上戴的首饰，起到固定头发和装饰的作用，在这里代指女孩子。今天，朋朋哥哥通过"荆钗布裙"这个成语，来和你聊聊古代女孩子的饰品。

出处

"荆钗布裙"出自《列女传》,这本书记录的是古代一些有着特殊事迹的女性的故事,书中的《梁鸿之妻》一篇写道:"梁鸿妻孟光,荆钗布裙。"

据说,孟光长得又黑又胖又丑,而且力气很大,但她是一个很善良也有良好品德的人,有不少人来为她提亲,可是都被她拒绝了,因为她一心想要嫁给当时的一位名士——梁鸿。梁鸿也很欣赏孟光,知道这件事后,就决定迎娶她。孟光在出嫁前,准备了很多粗布衣服、麻鞋等,但是嫁给梁鸿之后,却一直是盛装打扮,没穿那些准备好的粗布麻衣。梁鸿七天没搭理她。孟光忍不住了,就问自己的丈夫:"我听说你品德高尚,拒绝了许多想嫁给你的人。但是我不知道自己哪里得罪了你,使你不搭理我,请告诉我原因。"梁鸿说:"我想找一个穿粗布麻衣的普通人,和我一起隐居,你穿着这么华丽的衣服,而且还浓妆艳抹,不是我希望长相厮守的人。"孟光听后很满意,立刻换上自己准备的粗布衣服和麻鞋。原来,她是在用这种方式来考验梁鸿。

后来孟光就用荆条(也就是树枝条)做发簪,用粗布做裙子,留下了"荆

荆钗布裙

钗布裙"这个成语，形容妇女装束很朴素。后来，梁鸿和孟光一起过上了清贫而幸福的生活。

延伸

钗的历史很悠久，早在商代就已出现，那时多是用骨头或荆条制成的。后来又有了金钗、银钗、翡翠钗、珊瑚钗等。不过，普通人家的女孩子一般戴的是铜、铁等材料做成的发钗，因为廉价，所以也会被叫作"荆钗"。

说到钗，就不能不提到古代女孩的另外一种发饰——发簪。相比发钗，很多人对簪子更熟悉些。早在新石器时代就有簪，起初人们把它叫作笄（jī），头发绾起来之后，插上发笄，起固定作用，而且男女都可以用。周朝的时候，女孩成年要插发笄，所以女子十五岁成年叫"及笄"，并举行及笄礼。战国以后，就有了"簪"这个字，制作的材料更加名贵，不再是之前的石头、木头、骨头之类的了，而是换成了金、银、玉等材料。

尽管钗和簪都是用来固定头发的工具，但它们之间的差别还是比较明显的。最容易辨识的地方就是那根插到头发里的长针——簪是单根，而钗是双根。

发钗

发簪

想想看：如果让你来设计发簪或者发钗，你会做成什么小动物的造型呢？说出你的理由吧！

这两根长针叫作"两股"或者"两梁",交叉的地方叫钗头,为了美观,有的钗头会挂上动物或植物形的装饰挂坠。陆游曾经写过一首很有名的词,叫作《钗头凤·红酥手》,这里的"钗头凤"是词的词牌名,就取自钗头所雕刻的凤凰。

文物

我们先来一起看一对收藏在陕西历史博物馆的银钗,它们是唐朝的女子曾经用过的,名字叫"鎏金菊花纹银钗"。"鎏金"指的是制作工艺,这一对文物已经有部分的损坏,所以看上去不一样长,其实它们原本的长度应该差不多。

发钗是一左一右对称着来用的,发髻越高,用的发钗也就越多,最常见的是发髻两边各插六个,有个特别的叫法,叫"十二行"。当然了,要保持左右对称,钗头的花纹图案就得呼应起来,这两件银钗就是这样的。在唐代,贵妇们一般戴金钗,普通的女子戴的大多是银钗,但这两件银钗做得这么漂亮,想来它们的主人应该也不是寻常姑娘了。

我们再来认识一根玉簪,叫"玉云螭纹发簪",现收藏在中国国家博物馆,

鎏金菊花纹银钗(陕西历史博物馆)　　　　玉云螭纹发簪(中国国家博物馆)

是明朝时留下来的。它通体用白玉做成，长度有 10.8 厘米，一头粗，一头细。粗的那头，也就是簪头的位置，像不像一只蘑菇？

这件玉簪身上有两个细节特别值得我们去看。

第一是上面的花纹，乍看上去好像没有什么规律，但实际上大有玄机。工匠们用浅浮雕的方法，在簪头的位置雕刻了螭纹，古人认为螭是一种没有角的龙。有兴趣的话，你可以到国家博物馆官方网站上，找找这根玉簪的高清大图，看看上面的螭到底有没有长角。

第二是上面的文字，其中有三个字"子冈制"，这是什么意思呢？其实很简单，"子冈"是一个人名，全名叫陆子冈，他是明朝末年制作玉器的工艺大师。明代的玉器加工技艺很发达，苏州会集了很多能工巧匠，陆子冈就是其中非常著名的一位，他有一个特别的习惯，就是会在自己完成的玉器上刻上自己的名字，有时候还会偷偷刻在一般人看不到的角落里。

> 想想看：
> 除了簪和钗之外，古代女子还会用什么来固定头发呢？

完璧归赵

　　玉是生活中比较常见的一种石材，有人喜欢做成手镯、耳饰等首饰戴在身上，也有人喜欢做成工艺品摆放着观赏把玩。朋朋哥哥就有个玉把件，平时想事情的时候，会把它握在手里揉一揉。下面我们要讲到的这个成语，就和古代一件特别有名的玉器有关，它的名字叫作"和氏璧"。你知道与它有关的"完璧归赵"的故事吗？

出处

话说战国时期，赵国的国君得到了闻名天下的和氏璧。而秦王知道消息后也想得到这块举世无双的玉璧，于是他骗赵王说要用十五座城池来交换。赵王想要秦国的十五座城池，但又害怕秦王不守信用，一时间犯了难。当时，赵国有一位有勇有谋的蔺相如，自愿去和秦王谈判，他在现场识破了秦王的阴谋，最终把和氏璧完好无损地带回了赵国，为后世留下了"完璧归赵"这个成语，它被记录在《史记·廉颇蔺相如列传》中。

"完璧归赵"多用于比喻把原物完整无缺地归还本人。比如说，"你放心吧，你的书我一定细心爱护，过两天一定完璧归赵！"那么，成语里的玉璧究竟有多重要，使得赵国和秦国如此重视呢？

完璧归赵

延伸

玉璧是中国古代非常重要的传统玉器，最早在新石器时代就已经出现了，但是那时候，由于条件的限制，玉璧制作得并不规整，大多没

君子佩玉璧

有花纹或者花纹很简单。

商周时期，制作玉璧的工艺越来越成熟，装饰也更加丰富。春秋战国到秦汉是玉璧发展的鼎盛时期，考古工作者在很多墓葬的出土文物中都找到了玉璧。唐宋之后，使用玉璧的场合就不多了，所以玉璧的数量也减少了许多。

在不同时期，玉璧的功能也是不一样的。早期玉璧多被用作祭祀时的礼器，从春秋战国时期开始，玉被看作君子的象征，常常会用作佩饰；秦汉时玉器也被当作重要的陪葬品。

文物

今天要介绍的第一件玉璧，来自浙江的良渚文化遗址，距今大约3700～5000年，遗址里出土了许多玉器，除了极个别的玉璧做工精美、装饰着鸟形图案之外，大多数玉璧工艺都比较简单，制作也比较粗糙，常常厚薄不一，甚至周边还有缺损。几乎每件玉璧的表层都或多或少、或深或浅地有一些凹痕，这是因为在制作过程中没有打磨光滑。

下面这件非常精美的战国玉璧，被收藏在故宫博物院，叫"玉螭凤云纹璧"。

> 良渚玉璧虽然造型简单，但体积庞大，它们一般厚约1厘米，直径20厘米，有的甚至能达到30厘米左右。怪不得良渚一带的村民都把玉璧叫作玉饼呢！

良渚玉璧（良渚博物院）

玉螭凤云纹璧（故宫博物院）

别看它个头不大，却是战国玉璧当中最精美的作品之一。

玉璧的主体是圆形，上面雕琢着规则的花纹，像是一颗颗小豆芽一样。这些"小豆芽"微微凸起，看上去十分立体，人们把这种花纹叫作勾云纹。

这样的花纹雕刻在玉璧两面，中间还用镂空的方法雕刻出了一条螭龙，它盘曲着身子，线条非常灵动。除此之外，玉璧两侧的外廓部分，还有两只头顶上长着长长的翎羽的凤鸟。

据专家推断，这件玉璧应该是古人佩戴在身上的佩饰，而不是独立使用的礼器，它是一套大型玉组佩中的主要部分。想想看，能用得起这么精美玉器的人，身份肯定不一般啊！

强弩之末

我们都知道，古代打仗需要弓箭，但是你知道吗？古代不仅有"弓"，还有比弓射程更远、力量更大的"弩"。"弩"到底是一种什么样的武器？它和弓之间又有着什么样的区别呢？我们通过成语"强弩之末"，一起来认识一下古代的弩吧！

出处

在大约两千年前的东汉时期,著名的史学家班固写了一部专门记载西汉历史的书,叫作《汉书》。在《汉书·韩安国传》里,有这么一句话:"且臣闻之,冲风之衰,不能起毛羽;彊弩之末,力不能入鲁缟。"

"冲风"就是指暴风、强烈的风;"彊弩"就是强弩、强硬的弓弩;"鲁缟"是一种在鲁地(今天山东省西南部一带)所出产的非常薄的白色生绢。这句话说的是:"我听说即使是猛烈的风,到了它衰微的时候,就连羽毛都刮不起来;强硬的弩所发出的箭,到了射程的最后一段,连很薄的鲁绢也穿不过去。"韩安国用这两个例子来比喻说明,无论多么强大的力量,到了它衰微的时候,影响力都微乎其微了。

成语"强弩之末"就出自这句话。后来人们就用它来比喻那些最初很强大,到最后已经变得很微弱的力量。

延伸

在距今三万年前,中国的先民已经开始使用弓箭来狩猎了,比发明和使用陶器的时间还要早。

你可能对弩不太了解,因为它的确离我们的日常生活比较远。根据历史学家的研究,弩的前身是弓,它们都是古人狩猎和打仗用的工具,但是各有各的特点。

弓是一种弹射武器,主要由弓臂和弓弦构成。射箭的时候,射手一般左手握弓臂,右手拉弓弦,通过释放拉弦过

弓

程中所积聚的能量，从而把搭在弓弦上的箭射出去。弓的强度，主要取决于弓臂的反弹力，所以我们平常说的"强弓"，指的是弓臂的反弹力很大。

弩是春秋时期楚国人发明的，距今也已经有两千五百多年的历史了。弩的射程比弓更远，而且可以用"望山"（一种简易的瞄准器）进行瞄准，比弓的精确度更高，杀伤力更大，既有利于发动进攻，又有利于更好地守卫。因此，弩成为战国时期各个诸侯国军队所必备的武器之一。

下面我们通过收藏在博物馆的两件文物，具体来认识一下我国古代的弩。

弩

文物

第一件文物是收藏在河北博物院的铜弩机。它是 1976 年在战国时期中山国的中山王厝（cuò）的墓里发现的。这座墓葬很有名，里面出土了不少珍贵的文物。

根据考古学家的研究，这件战国时期中山国的铜弩机，和同时代楚国、秦国出土的弩非常相似，它们都不是完整的弩，只留下了弩机部分，而文献记载中所提到的弩臂和弩弓，在考古出土

战国时期中山王厝铜弩机（河北博物院）

弩机结构图

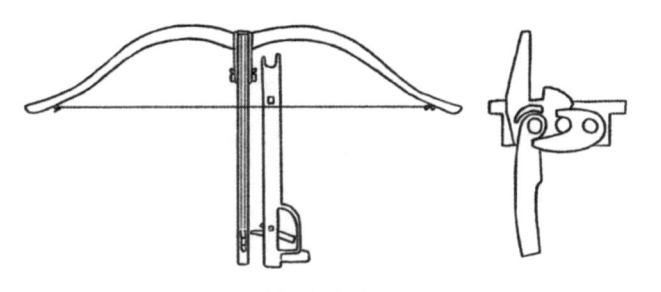

> 弩机是弩最重要的部分，它是用来射箭的机械装置，主要由相当于瞄准器的"望山"和相当于扳机的"钩心"等部件组成。

的实物中很少见到。这是因为弩的弩机部分一般都是用青铜制作的，易于保存；但是弩臂大都是木制，弩弓大都是竹制，容易被腐蚀。

弩机的几个部件之间相互联系，共同构成一个精密的整体。也正是靠着这种精密的武器，射手们才能在战场上有条不紊地集中注意力进行瞄准，准确地把箭射向对面的敌人。

青铜弩机（中国国家博物馆）

第二件文物，是收藏在中国国家博物馆的青铜弩机。它来自三国时期的魏国，距离弩出现的春秋时期，已经过去了将近一千年。

从弩机产生以来，制作工艺不断地改进，仅仅是弩机上的"瞄准器"——望山，就发生了明显的变化。从战国时期到秦代，望山开始变大、加高，使得弩变得更加灵敏，瞄准的精度也提高了很多。到了汉代，望山上又出现了刻度，射手可以根据刻度来调整远近不同的目标，从而提高命中率。

这件三国时期的弩机，不仅制作工艺更加先进，而且弩机上面还刻着制作年月和工匠姓名。当时负责制作弩的机构叫"尚方官署"，其中负责监督生产的官员叫"监作吏"，组织制作弩的官吏叫"匠"，具体进行生产的工人叫"师"。这就是我们之前提到过的"物勒工名"制度。

如胶似漆

在你的文具袋里，除了笔、橡皮、涂改液之外，还有什么呢？朋朋哥哥的笔袋里还有一根胶棒，我会把随手在某个地方记下的小纸条粘贴在笔记本上，方便查找和翻阅。今天我们要说的这个成语，就是和胶有关的"如胶似漆"。人们常常用它来比喻两个人的关系亲密无间、感情难舍难分。

出处

"如胶似漆"出自《史记·鲁仲连邹阳列传》，故事讲述的是：西汉时的文学家邹阳，在做梁孝王刘武的门客时，遭到了别人的陷害。在监狱里，邹阳给梁孝王刘武写信，表明自己的清白，劝说刘武不要听信谣言。信里说："君主和臣子，心心相通，行动默契，关系就像胶和漆一样亲密，兄弟都不能离间他们，难道其他人的谣言就能迷惑他们吗？"刘武看过信之后十分感动，于是就释放了邹阳。

延伸

人们为什么会用胶和漆来描述两人之间亲密的关系呢？这和它们"粘"的特性有很大关系。和我们一样，古人也会用"胶"来粘东西，只是和我们今天所用的胶水、胶棒有很大差别。

古人制作胶的材料有很多，比如糯米、面粉、动物的皮革等，甚至还用鱼身上的鱼鳔来制作。

"如胶似漆"中的"漆"，指的是来自大自然中纯天然的生漆，也叫作大漆、国漆。"漆"这个字，在古代写作"桼"，上面的"木"代表漆木，下面的"水"代表汁液，中间的一撇一捺就像供汁液流出来的凹槽，是不是很形象呢？漆树通常生长在水源充足、温暖湿润的地方，在我国南方经常能够见到。

生漆的颜色也是自然形成的。刚刚割下来的生漆是灰乳色的，与空气接触后变为栗色，凝固后是深褐色。涂层越厚，色泽越深，最后会变成纯正的黑色。现在你知道为什么用"漆黑"来形容黑到极致了吧！

聪明的古人很早就学会了采集生漆并将它们涂抹

> 鱼鳔，就是鱼身上的鱼泡，里面是有空气的，可以用来调节鱼身体的密度，让鱼上升或者是下沉。用鱼鳔做成的胶黏性很高，大于一般的动物胶，在木器的黏合中效果极好。因此在明清时候，鱼胶大多用于家具的制作中。

> 生漆的收集是靠纯手工完成的。为了割到品质最好的生漆，漆农一天要走很远的山路去寻找漆树。一棵三年以上的漆树，一次只能割二十刀，而且两年之内不能再从这棵树上采集生漆。所以便有了"百里千刀一斤漆"的说法。

到器物上，也逐渐掌握了漆器制造工艺。考古学家在浙江省余姚市河姆渡文化遗址里，居然发现了七千年前的朱漆木碗，这是目前发现的最早的涂漆器物，有着非常重要的意义和价值。这只碗也被列为首批禁止出国（境）展览的文物。

生漆采集过程

后来，漆器工艺越发成熟，一直到明清时期，各种造型和工艺的漆器还常常出现在人们的生活中。

接下来，我们就通过两件文物来认识下古代的漆器。先来看我们上面说到的朱漆木碗。1978年，在河姆渡遗址中出土的这件朱漆木碗，大约有6厘米高，和咱们现在的饭碗差不多大小。

它是怎么做出来的呢？首先用石器砍下一整块厚厚的木头，把中间挖空，而且要最大限度地保证木碗的对称，这样木碗的雏形就做好了。然后再在木碗的里外都涂上一层朱漆，这个过程叫作"髹（xiū）漆"。

文物

河姆渡遗址出土的朱漆木碗（浙江省博物馆）

剔红庭院高士图圆盒（故宫博物院）

想想看：
除了木头之外，还有哪些原料可以被用来做漆器的胎体呢？试试看找到相应的文物吧！

朋朋哥哥要讲的第二件文物，是明代宣德年间的剔红庭院高士图圆盒，听这名字就是一件复杂的文物。

这件朱漆圆盒的做工非常精细。盒盖上面的纹饰——天、地、水围绕着庭院，隐士们身处在这样的环境里，十分雅致。盖子里面，还刻着一首诗："二子寻幽径，两贤对剧棋。不须问姓氏，总是契坞篪（chí）。那藉填前号，居然肖旧规。如闻相讲德，写出子渊词。乾隆己亥御题。"写诗的居然是大名鼎鼎的乾隆皇帝！

这件文物名字当中的"剔红"指古代非常有名的剔红工艺。它属于漆雕的一种，就是在器物的胎型上，一层一层地涂上几十层甚至上百层的朱漆，等到漆干后，再雕刻出浮雕的纹样。这件朱漆圆盒，实实在在地髹饰了上百层朱漆，涂一层，晾干，再涂一层。

天气好的话，一天能涂两层，赶上天气不好那就麻烦了，难以想象这上百层的涂漆，得耗费多少时间和精力啊！

我们刚才说，漆的颜色通常是黑色的，那这朱漆是怎么来的呢？其实，在加工生漆的时候，还可以同时加入其他材料进行调和，就能变成想要的颜色。朱漆就是在生漆制作时加入了朱砂。

这件剔红庭院高士图圆盒，现在被收藏在北京的故宫博物院里，有兴趣的话，一定要亲眼去看看它。

另起炉灶

你平时会帮爸爸妈妈做家务吗？厨房里，除了锅碗瓢盆之外，还少不了煤气灶，要是没有它，那可怎么做饭呢？朋朋哥哥小时候是在农村长大的，那时候家里用的是砖和泥修砌起来的土灶，上面架着的铁锅个头儿特别大。我们今天要讲到的成语就和灶有关，那就是——另起炉灶。

出处

"另起炉灶"出自清代李汝珍写的长篇小说《镜花缘》,书里的主人公去了很多奇怪的国家,比如通体漆黑的黑齿国、身上长满长毛的毛民国,还有男女性别颠倒的女儿国等,见到了很多神秘奇幻的场景。

在书的第十四回里,有这样一句话:"必至闹到'出而哇之',饭粪莫辨,这才另起炉灶。"这里讲的是,主人公路过无肠国,这里的人都没有消化食物的肠子,食物一吃下去,马上就排出来了。由于食物在肚子里并不停留,所以排出的粪便并不腐臭。有的人家为了发财致富,勤俭节约,便把排出的粪便收存起来,让奴婢们下一顿再食用,甚至重复食用三四次,有的主人自己也吃。直到实在受不了了,一吃就吐,饭和粪分辨不清了,这才重新生起炉灶做新的饭吃。

"另起炉灶"的字面意思很好理解,就是重新支起炉灶来做饭。用来比喻放弃原有的,重新开始做起的意思。

延伸

炉子是古人用来取暖或者做饭的工具,有很多不同的材质和用途。在古代,铜炉可以装上加工后的木炭,用来在冬天取暖;青铜炉可以用来温酒,也可以用来吃小火锅;还有一种我们最熟悉的香炉,可以用来熏香点香,敬神供佛,其中最为突出的代表就是博山炉。

此外,香炉更是当时文人雅士们的心头之爱,或被放置在厅堂里,或被摆放在书斋案头,在读书的时候,点上一支熏香,便有了"红袖添香夜读书"的美

现代炉具

妙意蕴。

灶和我们今天的生活依然有着很紧密的联系。"灶"字左边是火，右边是土，本义指的是用砖石砌成的、用来做饭烧水的设施。

早在人们刚刚学会用火的时候，灶的雏形就出现了。专家在距今50万年的北京人遗址，就发现了用石头围成的灶。春秋战国和秦汉时期，人们逐渐开始在地面上用砖或土坯来垒砌出长方形的"连眼灶"，这种灶的发展，比之前在地面上挖坑的土灶进步了许多。这个时期，灶基本上就定型了。

宋元以后，进入灶的完善期。在明代科学家宋应星所著的《天工开物》里，出现了活塞式风箱，通过箱外的拉手进行推拉，可以不断地向火灶里送风，让火烧得更旺。直到今天，在很多农村地区，我们还能看到这种土灶。

博山炉

想想看：
由于灶在生活中有着极为重要的地位，人们还赋予了它很多文化内涵。你听过灶王爷的故事吗？

现代燃气灶

农村灶台

文物

虎形灶（山西博物院）

陶灶（故宫博物院）

我们要了解的第一件文物，是一座春秋时期的青铜灶，出土于山西省太原市金胜村的赵卿墓。

这件青铜灶整体是一只老虎的造型。虎头就是灶身，老虎的眼睛睁得圆圆的，张开的血盆大口就是灶门。虎背的位置是灶眼，上面放着釜，釜的上面还放着甑，是古代用来蒸东西的蒸屉。虎背的后面是烟囱的位置，可以添加4节烟囱，连接起来足足有1.62米呢！灶的两端还安装有方便移动的铜链提手。

据考证，烟囱在欧洲的出现仅仅有千年历史而已。这么说来，这件2500年前的青铜虎形灶，可以说是世界上保存下来的最古老的青铜烟囱了。如果我们仔细观察，还会发现在灶膛里有许多小凸齿，专家认为，这是用来固定灶体内泥层的，泥层可以形成一层厚厚的隔热材料，防止烧完火后灶身过热开裂。

我们再来看看汉代的陶灶。陶灶的历史更悠久，早在新石器时代的仰韶文化中就已经出现。汉代时，陶灶更是墓葬里非常重要的随葬品。左边的这件汉代陶灶被收藏在故宫博物院，它出土于陕西省西安市的龙首原。

这件汉代陶灶是一个长方体，前后有两个灶眼，可以用来烧柴火。灶口的位置还设计了挡火墙，以防柴灰飘进饭锅里。

值得一提的是，最早的陶灶是没有图案的。西汉时期，人们才开始用浮雕的方法在陶灶上进行装饰。比如在这件汉陶灶上，一面装饰着人牵牛的图案，而另外一面则刻有老虎跟怪兽打架的图案。

一席之地

夏天我们常常会见到席子，朋朋哥哥小时候，每到天热起来，妈妈就会把家里的凉席清洗干净后铺在床上，一躺上去身体立刻降温好几度。现在我们家里都有了空调，凉席已经很少用了，在古代，席子的使用范围非常广，除了铺在床上，还能够铺在地上，作用可大着呢！下面我们就通过成语"一席之地"来讲讲古代的席子。

出处

"一席之地"这个成语，出自《旧唐书》，和唐朝时的一位美人有关，她就是中国古代四大美女之一的杨贵妃——杨玉环。有一次，杨贵妃惹了唐玄宗李隆基不高兴，唐玄宗借机把杨贵妃撵回娘家，也想借此灭灭杨家日盛的威风。

旁边有个大臣为杨贵妃求情说："妇人智识不远，有忤圣情，然贵妃久承恩顾，何惜宫中一席之地，使其就戮，安忍取辱于外哉！"意思是说：女人啊，都是见识短的，偶尔会出现忤逆皇上的情况，但贵妃一直很受您的宠爱，难道您还舍不得在皇宫里给她留一个安身的小地方，忍心让她被外面的人笑话吗？

这里的"一席之地"，从字面上来看，意思是放一张座席的地方。用来比喻极小的地方，或具有某种程度的地位或者位置。比如：这个工厂生产的产品质量上乘，使得它在激烈的市场竞争中占有了一席之地。

> 唐、宋以前没有桌椅，只有矮小的几案一类的家具，古人谈话、写作、进食等，都是就地而坐，唯一可以讲究的就是在地上铺设席子。因为会坐在席子上，所以我们又说"席地而坐"。

延伸

远古时代的先民，不论是住在山洞里，还是半地穴式的房屋里，为了防潮，都会在地上铺上兽皮、干草之类的东西，这应该就是席子最早的样子。后来，人们有了跪坐在地上的习惯，也开始使用不同材料编织的席子，而且还有了非常严格的等级规定。

席子基本都是用竹子、芦苇等植物做成的，材料不同，席子的名字也不同。比如，用莞（guān）草编成的席子叫作"莞席"，用没有抽穗开花的芦苇编成的席子叫作"芦席"，用蒲草编成的席子叫作"蒲席"。

小的席可以一个人坐，大些的可以三四个人一起坐。要是人多的话，地位尊

席地而坐

贵的长者必须单独坐在另外的一个席子上。如果有朋友来访，不是为了吃饭，而是为了聊天的话，那两个席子应该相对，中间留出一定的距离。《周礼》中还规定，在一些重要的祭祀场合，席子的材质、样式和层数都是有要求的。

后来，从席子演变的词语有了更加丰富的含义。比如"主席"，当初只是指席子上的主要座位，到了近现代，演变为一个职位；"席位"，最早是说席子上的一个位置，现在却指代团体或集会中的位置。

想想看：
你还知道哪些带有"席"字的词语呢？

文物

我们要介绍的第一件文物，是收藏在湖北省博物馆的"彩漆方格十字纹竹席"。它可是战国时代的文物，到今天已经有两千多年的历史了。它的长度有 51 厘米，宽度有 24 厘米，总的来说不算太大。竹席是用方格十字纹编织而成，看上去就好像是丝织品的花纹一样，非常精美。

这件竹席在编织的时候，用刷过黑漆的竹条作为纬线（横着的线条），刷过

彩漆方格十字纹竹席
（湖北省博物馆）

编织象牙席（故宫博物院）

红漆的竹条作为经线（竖着的线条），互相交错编织而成。用来编席子的竹条宽度为2.5厘米，厚度居然只有0.5毫米，如此精湛的工艺实在让人惊叹。

我们再来看一件非常特别的席子，它的材料是象牙。你可能会想，象牙那么硬，怎么能用来编席子呢？当然可以，可不要小瞧了古人的创造力。

故宫博物院收藏着两张清代的象牙席子，其中一张的长度有216厘米，宽度有139厘米，差不多和现在的双人床一般大小，席子表面洁白光滑，而且还很柔软，可以像其他席子一样卷起来。

> 手工编织这项技术早在新石器时代就出现了，那时的人们能够编织出简单的花纹。到了战国时，更多的编织方法被人们创造并掌握，如斜纹编织法、盘缠编织法、长方形编织法等，甚至还能编织出更加复杂的十字形、人字形的几何图案来。

早在汉代，象牙编织技术就已经出现了。用象牙编织而成的席子，叫作象牙簟（diàn），据说制作工艺非常复杂，要根据象牙的纹理，把浸过药水的象牙劈成薄片，再把它磨白，最后编织。这其中最难的一个步骤就是象牙劈丝的技术，现在早已失传。

制作象牙簟非常耗费材料、人力和物力，所以，勤俭的雍正皇帝曾经下令不准再进贡象牙簟，也不准再制作和买卖了。我们今天在谈到象牙制品时，更是要坚决抵制。没有买卖，就没有杀害。

一模一样

你有没有见过双胞胎？双胞胎的兄弟姐妹，在长相上几乎一模一样，也许还会有人说他们"简直是一个模子里刻出来的"。为什么在说到相同的事物时，我们会用到"模"这个字？还有"模仿""模样""模范"等词语，都是怎么来的？让我们从成语"一模一样"开始讲起。

出处

明代有一位文学家叫凌濛初，他写的《初刻拍案惊奇》和《二刻拍案惊奇》都是中国古典短篇小说的杰出代表。书里面讲了40多个情节曲折、引人入胜的故事。其中有一个故事是这样的：

北宋末年，一位公主被金国人给掳走了，有个女人和公主长得特别像，于是冒充公主，在南宋生活了很多年，骗过许多人，甚至连伺候过公主的宫女们都没认出来。

在这个故事的开头，有这样一句话："话说人生只有面貌最不同，盖因各父母所生，千支万派，那（哪）能够一模一样的？"意思是说，人和人之间，只有面貌长得最不一样，是因为我们是由各自的父母所生的，来自世界上千千万万不同的支派，不可能有完全一样的面孔。

这里的"模"指的是工匠们在制作青铜器时用陶泥做的模型。这个成语最初的意思是一个模型对应一件青铜器，后来逐渐发生了变化，用来形容两样东西完全相同。

延伸

随着自然中的金属被古人发现并利用之后，冶金和铸造技术就一直处在不断发展当中。在青铜时代，最常见的制作工艺就是范铸法。什么是范铸法呢？

要想铸造一件青铜器，大概需要以下几个步骤：

第一步：制模。用陶泥做出想要的青铜器的样子，作为烧制的模，如果想要花纹，还可以在陶器的表面刻出纹样。

第二步：翻范。等模基本晾干的时候，在它的外面再敷上一层陶泥，要压得很结实，这样花纹才能印到外面的软泥上。然后，再把外面的软泥切割成几块，这些被切割下来的泥块就叫作外范。

第三步：内范。把刚才用过的模表面的花纹刮掉，让它的体形变得比原来瘦一圈，这个变身了的模就叫作内范。

第四步：合范。其实很好理解，就是把外范和内范组装起来，这样就形成了一圈中空的缝隙。

第五步：浇铸。把青铜熔液从浇铸孔灌进去，填满那些缝隙，冷却之后，把外范打碎，掏出里面的内范，我们就能看到一件完整的青铜器了。

当然，还少不了最后的打磨和修整。可是这样的制作效率实在是有点低，想想看，要做多少件青铜器，就得提前先做多少件陶范，是不是很不方便呢？春秋战国之后，铁器被广泛应用，于是就出现了可以被重复利用的铁范，效率就提高

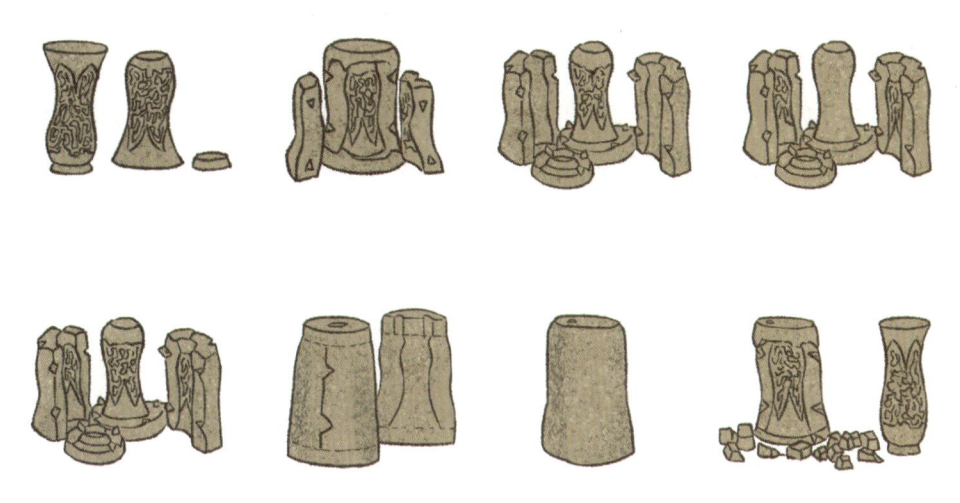

> 我国古代的铸造技术，除了范铸法之外，还有一种叫"失蜡法"，感兴趣的小朋友，可以去了解一下哦！

青铜器铸造工艺图

了许多。现在所说的"模范"最初就是这么来的。

文物

我们来看一套东周时代的虎形器耳陶范。它是由两块外范和一块内芯组合而成的,是一套名副其实的复合范。要是用这套陶范铸造出一件青铜器来,会是什么样子呢?

虎形器耳陶范(山西博物院)

观察一下上面的那只老虎,它的嘴巴微微张开着,露出里面的牙齿,身体略微弯曲着,尾巴还向上卷了起来,四肢看上去特别粗壮,正伏卧在地上。在老虎的身上,装饰着草叶状的云纹,尾巴上还装饰着鱼鳞样的花纹,更增加了老虎的神秘。老虎的尾巴上就是浇铸口,青铜熔液就是由此倒入,好像一个漏斗的样子。

下面要说到的这件文物也是一件战国时期的文物。它的名字叫"双镰铁范",在它的身上,至少有四处值得我们去看的地方。

第一点是它的材质,用的不是陶,而是铁,更加结实耐用,可以重复使用。第二点,就是在这个铁范上,居然有两个完全一样的镰刀形状,可以一次性铸造两把镰刀,所以称"双镰"。第三点,这种范必须用液态铁浇铸,而范本身也是白口生铁的铸件,这说明在

这套陶范的出土地,是大名鼎鼎的山西侯马晋国遗址。这里先后出土了大约5万块铸造青铜器用到的陶范。除此之外,还有许多其他制作青铜器的工具。后来经过专家研究,这些陶范的类型涵盖了兵器、礼器、车马器、生活用具等很多方面。这反映了当时晋国的实力,也反映出春秋战国时期青铜铸造技术的发展。

> 这件文物是在河北省兴隆县发现的。1953年，一个叫吴琛的农民，正在地里夯土打桩的时候，忽然感觉碰到了一块硬的东西，于是徒手去挖，没想到挖着挖着一下子挖出了包括这件双镰铁范在内的87件铁范！

双镰铁范（中国国家博物馆）

战国时期，我国已经掌握了生铁的铸造技术，比欧洲早了1500多年。最后一点就是，在这个铁范接近镰刀把手的位置，有"右廪"两字。"廪"是战国时期国家主管农业、负责制造农具的机构，很多专家认为，这里的"右廪"是铸造这些镰刀的工匠的名字。正是因为有了农具的改良和发展，才使得战国时期到秦汉时期的农业生产得到了明显提升。

瓮中捉鳖

朋朋哥哥小时候家在陕西农村，家里有两孔窑洞，村子里几乎家家户户都有齐腰高的大缸，我们管它叫作"瓮"，有的用来装粮食，有的用来存水。其实，像这样特别能装东西的瓮，在很早以前就已经出现在人们的生活里了，也留下了相关的成语，最有名的就是"瓮中捉鳖"。

出处

"瓮中捉鳖"出自元代戏曲作家康进之写的一出杂剧《李逵负荆》。

故事说的是:北宋末年,梁山好汉在山东聚义,因为纪律严明、劫富济贫,赢得了当地百姓的认可和赞许。在离梁山泊大寨不远的山下,有个小酒店,有一天,两个坏人来这里吃酒,酒后居然打起了店家女儿的主意,并且强行把姑娘给抢走了,临走的时候还说自己是梁山好汉宋江和鲁智深。正巧这事被路过的李逵知道了,听说自己的两个哥哥干了这样的坏事,他立马回去找宋江和鲁智深算账去了。

后来李逵知道是自己错怪了宋江,特别羞愧,就让人把自己给捆了起来,向宋江负荆请罪。这时候,店家跑来报信,说那两个坏人又来喝酒,被他灌醉之后正在店里睡着呢。李逵听了,兴奋地说道:"来得正好,看老子瓮中捉鳖,收拾这两个坏蛋!"

"瓮中捉鳖"的成语就由此而来。字面意思是说从大缸或大坛子里面捉鳖。比喻想要抓住的对象已经在掌握当中,可以手到擒来,轻易而又有把握地获得。

瓮中捉鳖

延伸

什么是瓮？通过"瓮"字字形中的"瓦"字，就可知它是用土烧制而成的器物，原本是指比缸小些、比坛大些的陶器，从外形来看，瓮和一些罐子或是瓶子比较类似。

根据考古资料我们可以知道，早在距今五六千年前的仰韶文化时期，陶瓮就出现在先民们的生活里了。此后，瓮一直伴随着人们的生产生活，用来装水、装粮食，还可以用来酿酒。

其实在这一时期，有的陶瓮还有一项特殊的用途——当棺材，这种殡葬方式叫作"瓮棺葬"。直到中华人民共和国成立前，在我们国家西部的一些少数民族当中，还保留着这种丧葬的习俗。

明朝末年，随着技术的发展，人们开始烧造开口很大、腹部较深、容量较大

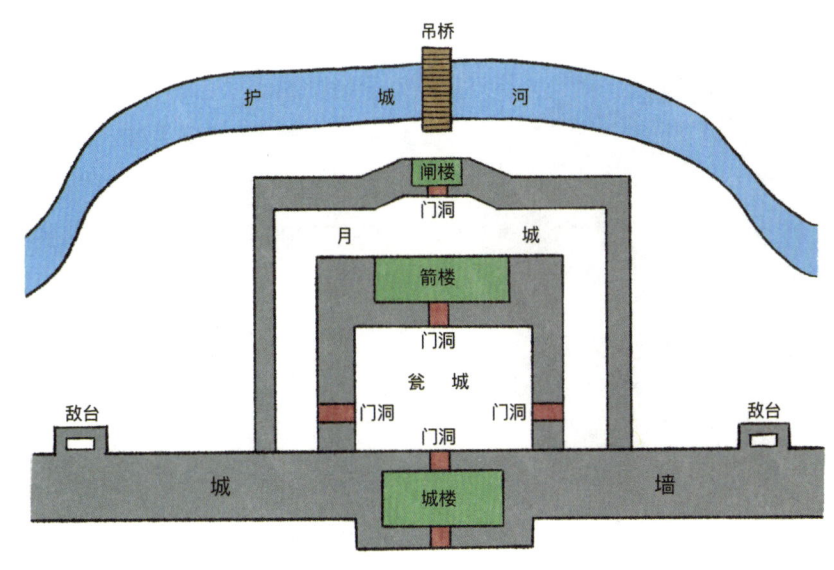

瓮城示意图

的陶质大缸，器壁很厚，而且很坚硬，不容易损坏，能够满足老百姓日常生活的需要，很像朋朋哥哥小时候家里的那种瓮。

人们常常会用"瓮"来代指可以掌控的空间和环境，比如修建城墙和城门的时候，古代的先民就设计出了"瓮城"。瓮城是城墙的一部分，在城门的外面再修建一个半圆形或者方形的小城，小城上设置一道城门，当敌人冲进小城的城门，集中到小城里时，城墙上的士兵就可以把敌人包围歼灭，就好像是"瓮中捉鳖"。直到今天，很多古城都留下了瓮城的痕迹，比如南京、西安、北京等。

文物

接下来我们就来讲讲收藏在博物馆里的文物吧！瓮的一个特点就是容量很大，能装许多东西。我们先要认识的，是何家村唐代窖藏陶瓮，陶瓮共有两个，大小和形制基本类似，有65厘米高，肚子最圆的地方直径有60厘米。

1970年，考古工作者在陕西省西安市何家村挖掘出了它们，出土的时候，在场的人们无不惊叹。原来，在瓮的里面，竟然装着金银器、玉器等各类珍宝，达到了1000多件！比如著名的鸳鸯莲瓣纹金碗，在小小的莲花瓣里，工匠们錾（zàn）刻出了很多种不同形象的小动物，看上去非常精致巧妙。在陶瓮里还发现了不少钱币，有来自日本的银币、波斯的银币、东罗马的金币等，显示着唐朝经济文化的开放与交流。

藏下这批宝物的人是谁呢？他又

何家村唐代窖藏陶瓮（陕西历史博物馆）

> 像何家村唐代窖藏陶瓷这样，同一批文物由于特殊的原因，被埋在一个像窖穴一样的地方，考古学家们把它们叫作"窖藏"。

是出于什么原因要把这些珍宝埋藏在地下呢？直到今天，人们还在讨论着这个话题。

我们要认识的第二件文物，年代要更久远一些，是来自祖国西北地区的鹿纹彩陶瓮。它出土于1991年，高度大约是73厘米，口径有32厘米，据推测，距今已有3000多年的历史了。

这件彩陶器不仅器形硕大，还有着非常美丽的造型和纹饰。整件陶器上最醒目的，就是在肩膀位置上的两只鹿。它们是用黑色颜料描绘出来的，虽然只有寥寥数笔，却非常逼真，灵动而飘逸，似乎一走近它就会奔跑起来。

这么精致的陶器，是用来做什么的呢？话说，当年考古工作人员发现它时，居然在陶瓮里看到了一具婴儿的骸骨，因此很多人猜测，这件陶器很有可能是用来作为孩童的葬具使用的。在新石器时代的更早期，人们会在埋葬死者之后，过一段时间，再把骨头重新收集，放入陶瓮里安葬，所以很多陶瓮就有了葬具的功能。

鹿纹彩陶瓮（青海省博物馆）

> 想想看：
> 古人为什么会在陶制葬具上绘制鹿的图案呢？它们有什么特别的寓意？

觥筹交错

平时我们都会和亲友一起聚会，爸爸妈妈招待客人时可能会喝一点酒，我猜你一定见过各种各样的酒杯或酒具。其实，古人也会组酒局，还留下很多成语来形容喝酒的场面，"觥筹交错"就是其中很有意思的一个。那么，"觥"和"筹"是什么意思呢？我们一起来了解一下吧！

出处

这个成语的出处很有名，出自北宋文学家欧阳修所写的《醉翁亭记》，相信不少小朋友都和朋朋哥哥一样，曾经背诵过这篇古文。这篇文章讲的是：欧阳修被贬官到了滁州这个地方，看到四季景色秀美，百姓生活宁静，自己陶醉在山水美景之中，享受平静生活的快乐。

> 欧阳修是"唐宋八大家"之一，后人还把他和韩愈、柳宗元、苏轼一起合称为"千古文章四大家"，可见人们对他文采的推崇。

文章中有这样一句话："射者中，弈者胜，觥筹交错，起坐而喧哗者，众宾欢也。"意思是说：投壶的人投中了，下棋的人下赢了，酒杯和酒筹交互错杂，人们有的坐下，有的站起，大声喧哗，宾客们都在尽情欢乐着。

这里的"觥"，其实是一种很古老的酒器，就是喝酒的酒杯；而"筹"是用作行酒令的筹码。"觥筹交错"的意思就是，酒杯和酒筹杂乱地放在一起，形容许多人聚会喝酒时的热闹场景。

延伸

欧阳修《醉翁亭记》

说起酒的历史，那可是有年头了。相应地，用来装酒的酒器也有着很悠久的历史，尤其是到了商周时期，青铜酒器兴盛，更成为礼器中最为重要的组成部分。那时候，人们喝酒可不是件随随便便的事情，要遵守很多礼仪制度，光是酒器的种类就有很多，用来喝酒、装酒、温酒、冰酒和存酒的酒器各式各样。

"觥"就是其中一种很古老的酒器，它出现在商朝后期到西周早期，早在《说文解字》里就已经有了对"觥"的解释，确认了它的作用，可以用来盛酒，也可以用来喝酒。但"觥"到底长什么样子呢？中国著名学者王国维先生认为，觥应该是有着牛头形盖子的青铜酒器。

筹，最早是古代用来计数的小工具，是一根根长短和粗细相同的小棍子，我们可以称它们为"算筹"。后来在算筹的基础上，引申出很多不同的用处，比如用来行酒令的酒筹。喝酒的时候，用酒筹来计算巡数，一轮就是一巡。后来，人们还会在酒筹上写上不同的酒令，抽到谁就要按照上面酒令的要求去做，比如吟诗、作对、饮酒等。

觥筹交错

想想看："酒过三巡"这个词是怎么来的？

文物

我们今天要看的第一件文物是一件青铜觥，它实在是太漂亮了，但可惜的是，这件觥并没有被国内的博物馆收藏，要想亲眼看到它，就得到位于美国华盛顿的弗利尔美术馆去欣赏了。它的名字叫鸟兽纹觥，高度大约有31.4厘米。

在朋朋哥哥看来，它最特别的地方有以下两个：

第一是它的支腿，除了四条微微向外撇开的支腿外，它还有后面的一条尾巴

鸟兽纹觥（美国弗利尔美术馆）

做支点，看上去站姿特别可爱。

第二是它的花纹实在是太复杂了，都包括哪些花纹呢？盖子是一只长着羊角的小怪兽，龇牙咧嘴，看着又萌又凶；觥身雕刻着老虎、大象、鱼等不同形象的花纹；背上还有一条龙；后面有个长着两只耳朵和两只角的怪兽。除此之外，身上还有猫头鹰的花纹！有人曾经数过，这件鸟兽纹觥身上各种各样的花纹加起来居然有 20 种之多。这考验的不仅仅是铸造工匠们的技艺，还有他们的想象力和创造力。

现存的商代青铜觥有不少，光是河南安阳殷墟的妇好墓里就出土了 8 件。但很可惜，许多精美的青铜觥都流失到了海外，被收藏在国外的博物馆。

我们要介绍的第二件文物是用玉做成的，现在被收藏在广东省广州市的南越王博物院，是中国首批禁止出国（境）展览的 64 件文物之一。它的名字叫作"西汉夔龙白玉觥"。

它由新疆和田玉雕刻而成，通体青玉质地，半透明，因为长期埋藏，身上还有些红褐色的浸斑。杯子的个头儿不算大，整个造型仿照犀牛角的样子，一条夔龙回环盘绕于觥杯之上，下面是飞卷的浪花纹，看上去灵动飘逸。

制作这样一件玉器的难度非常大。最重要的一步就是需要把一整块玉的内部掏空，这项技术叫作"掏膛"。你看这个玉器多薄啊，杯壁只有2~3毫米的厚度，要是一不小心没有掏好，整块玉都要报废掉。这样做工复杂而又精巧的酒器，恐怕也只有南越王这样的高级贵族才能享用吧！

西汉夔龙白玉觥
（南越王博物院）

想想看：
古人为什么要把酒器做成犀牛角的样子呢？

心有灵犀

你跟朋友之间有没有过这种默契?一件事情你正要做,他马上就知道你要干吗;有些话还没说出口,对方就明白你想表达什么。这种默契可以用一个成语来形容,那就是"心有灵犀"。为什么是"灵犀"?朋朋哥哥这就告诉你答案。

出处

　　这个成语出自唐代著名诗人李商隐的《无题》，其中有一句："身无彩凤双飞翼，心有灵犀一点通。"意思是说，恨自己的身上没有长出像五彩凤凰那样的翅膀，可以飞到爱人的身边，但彼此之间的心意，却像那灵异神奇的犀牛角一样息息相通。

　　你一定很好奇，什么是"灵犀"？据说，《山海经》里记载了这样一种神兽，它头上长着三只角，一只长在头顶上，一只长在额头上，还有一只长在鼻子上。其中，头顶的那只角又叫通天角，据说剖开之后，就会看到里面有一条白线贯通首尾，被看作灵异的象征，因此叫作灵犀。

　　"心有灵犀"这个成语，多用来比喻两个人心意相通，对彼此的意思都能够心领神会。比如说：好朋友遇到困难，虽然嘴上不说，但我们心有灵犀，我一定会帮他渡过这个难关。

延伸

　　犀牛是一种珍稀的野生动物，目前仅生存于南亚及非洲。虽然我国现在已没有野生犀牛，但是在古代，犀牛却曾大量生存于我国境内。在浙江余姚河姆渡遗址和河南安阳殷墟遗址，都发现过犀牛的骨骼。甲骨文中也有记载，有次商王武丁狩猎，居然猎捕到了71头犀牛。

　　在春秋战国时期，由于持续的战争，人们对犀牛皮的需求大增，因为犀牛皮不

无　题
唐·李商隐

昨夜星辰昨夜风，画楼西畔桂堂东。
身无彩凤双飞翼，心有灵犀一点通。
隔座送钩春酒暖，分曹射覆蜡灯红。
嗟余听鼓应官去，走马兰台类转蓬。

　　李商隐作为晚唐著名的大诗人，一生写了好多诗，这种无题诗尤其多，在《全唐诗》里，就有他的16首无题诗。比如那句很有名的"春蚕到死丝方尽，蜡炬成灰泪始干"，也是出自一首无题诗。

仅坚韧，而且比较轻便，很适合做成皮甲，这是重要的战备物资。在湖北的九连墩战国古墓当中，考古工作者们就发掘出了很多副犀甲。

除此之外，古人还赋予了犀牛更多的特性。比如说，人们认为犀牛角有辟邪的作用，能够药用，甚至还有解毒的功效，所以古人常常把犀角做成酒杯来使用。古人还认为犀牛是神兽，能够抵制水底精怪，因此传说李冰修筑都江堰的时候，就曾经刻了五头石犀牛放在江中，成为那里的"镇水神兽"。

犀牛

文物

我们来看一件西汉的错金银云纹铜犀尊，距今已经有两千多年的历史了。这件文物是 1963 年在陕西省兴平县的豆马村出土的，造型特别逼真。

我们来看看它的样子：小犀牛昂首站立着，头部微微向上抬起来，竖着两只小耳朵，眼睛特别有神，里面镶嵌着黑

错金银云纹铜犀尊（中国国家博物馆）

色料珠，身上的肌肉感也刻画得很真实，脖子下面有褶皱，小短腿粗壮有力，甚至还有夹在屁股中间的小尾巴。工匠使用金丝和银丝在犀牛身上勾勒出云纹的样子，如同犀牛身上的毛发似的。

那么，这只犀牛是什么品种呢？从它头上的两只角来推断，生活在亚洲的三种犀牛当中，只有苏门答腊犀牛身体较短，身上长满鬃毛，头上长两只角。因此，这只犀牛应该就是苏门答腊犀牛。

可是，两千多年前西汉时代的工匠，是怎样做出这么惟妙惟肖的青铜犀牛的？有专家认为，这件文物的出土地陕西兴平，在西汉时是皇家御苑的范围，因此，工匠们应该是见过皇家御苑里养的犀牛，因此而创作。是不是很奇妙？

下面我们再来看一件犀角杯，它的名字叫"尤通犀角槎（chá）杯"。这里的"槎"是古代神话传说里在天河中航行、供仙人们乘坐的小船。

尤通犀角槎杯（故宫博物院）

早在明代时,手工匠人们就开始用犀牛角来雕刻"仙人乘槎"的主题。故宫博物院收藏的这件就是其中的佼佼者。它的制作者叫尤通,是明末清初一位特别有名的雕刻工匠,很善于雕刻犀角杯,甚至后人把他雕刻的杯子就叫作"尤犀杯"。

这件犀角杯利用了犀牛角自然的弧形,制作时,先在中间刨个小洞,可以用来盛酒,然后在顶部钻个小孔,与中间连通起来,这样酒就可以从小孔里流出来了。

这件精美的槎杯得到了乾隆皇帝的喜爱。据说,乾隆皇帝在古物箱中发现这件作品,对尤通的雕刻技术十分推崇,亲笔御题诗句赞誉尤通的技能,并将诗刻在杯子里。你有兴趣的话不妨去故宫找找,看看乾隆题了首什么诗吧!

声名鹊起

相传每年农历七月初七这一天，所有的喜鹊都会聚集到天上的银河，一只衔着另一只的尾巴，搭起一座鹊桥，好让被银河分开的牛郎和织女团聚，这就是古代神话"牛郎织女"的故事。而这一天，也成了民间的传统节日七夕节。我们今天就来讲一个和喜鹊有关的成语——声名鹊起。

出处

"声名鹊起"出自清朝戏曲作家李斗写的《扬州画舫录》这本书。书里记载了扬州的风土人物和景观风貌,尤其对那时的昆曲流传做了介绍。扬州经济实力雄厚,不少商人都有自家的戏班,在乾隆下江南的时候,这些戏班还给皇帝表演过呢。因此很多昆曲名家也在扬州出现。

书里写了一位叫朱文元的名家:"朱文元,先在徐班,以年末五十,故无所表见,至洪班则声名鹊起,班中人称为'戏忠臣'。"意思是说,这个叫朱文元的人先前在徐家班唱戏,不到50岁,在戏曲方面没什么名声,后来换到了洪家班以后,突然就出名了,以至于当时戏班里的人都管他叫"戏忠臣"。

"声名鹊起"是指名声突然大振,知名度迅速提高。比如说,"二班的小明,这次在全国奥数比赛中拿到了一等奖,一下子在学校声名鹊起"。再比如,"屠呦呦默默无闻从事科研工作数十年后,于2015年获得了诺贝尔奖,在大众眼里声名鹊起"。

> 想想看:
> 从生物性的角度分析一下,为什么不是声名"燕"起、声名"鹤"起?

延伸

古时,人们通常会选择晴天出门,而喜鹊也喜欢在晴天时跳上枝头活动,恰好和行人一同上路,于是人们渐渐赋予了喜鹊吉祥的含义,希望出门也能伴随着好运。

其实,在人们的心中,喜鹊并非一直都是好的预兆。比如在某些地区的民间传说里,喜鹊就被叫作"野雀儿",爱叽叽喳喳,爱搬弄是非。甚至在《后

喜鹊

汉书》里还有这样的记载：东汉末年，太阳出现黑气，跟飞鹊的形状差不多，当时的人们就把这种天象异变，理解成是黄巾起义的不祥征兆。

到了唐代，喜鹊的形象有了翻天覆地的改变，一下子变成了吉祥之兆。这种兆吉观念促使喜鹊演变成了结婚、生子等各种喜事的象征。也因此才有了神话传说里，在七月初七这天，成群结队的喜鹊前来为牛郎织女相会搭桥，甘愿充当幸福使者的故事。

> 想想看：
> 你还知道哪些关于喜鹊的成语呢？

文物

我们要看的第一件文物，是收藏在故宫博物院的瓷器，全名叫作"黄地粉彩梅鹊纹碗"。这件瓷器外面通体是黄釉，里面则是白釉。瓷器的明黄色凝厚鲜亮，彰显皇家气派。碗上以粉彩描绘着挺拔的梅树，树枝上还绽放着朵朵红梅，喜鹊成双成对地飞舞于花枝之间，颇为生动。

如果让你用梅花和喜鹊打个成语的话，你会想到哪个呢？朋朋哥哥首先想到的是"喜上眉梢"。因为梅花的"梅"和眉毛的"眉"是谐音，喜鹊登梅就有了"喜上眉梢"的吉祥寓意。

第二件文物是一幅画，叫《竹石梅鹊图》，它是清代画家陈嘉言的作品，现在收藏在上海博物馆。把喜鹊和其他象征吉祥的物品组合起来，是喜鹊文化的表达方式之一。

在这幅画里，画家就把喜

黄地粉彩梅鹊纹碗（故宫博物院）

鹊和古代文人最为推崇的梅花、兰花、竹子画在了一起。但要说画中最出彩的，还要数三只喜鹊，或是驻足梅梢，向上观望；或是展翅欲飞，飘逸灵动；或是尾巴高高地翘起来，正在得意地叫着。整幅画面包含多种意蕴，和谐相处，层次分明，非常生动。

在传统文化中，人们经常会给动物和植物赋予特别的象征意义。比如说，竹子寓意"竹报平安"，牡丹寓意"花开富贵"，喜鹊寓意"喜从天降"，等等。这些细节之处，体现着先民们对美好生活的向往和追求。

而且，这些主题不仅出现在瓷器和书画中，还有很多其他表现形式。比如，苏州拙政园的留听阁里就有喜鹊、梅花、松竹组合的"喜上眉梢"木雕。

清陈嘉言《竹石梅鹊图》（上海博物馆）

万紫千红

　　每年春暖花开，天气好的时候，我们都会和家人朋友一起到公园或郊外去踏青，看看五颜六色的花，去感受春天的勃勃生机。古代的人们也非常喜欢春天的美景，他们还会用一个非常好听的成语来赞美春天的景色，那就是——万紫千红。今天我们就来聊一聊这个成语，讲讲古代人们对色彩的运用。

出处

在距今八百多年前的南宋,有位著名的思想家名叫朱熹。他写过一首诗,你可能读到过,叫作《春日》。

这首诗的意思是说:春天到了,在这天气晴朗的春日里,诗人在泗水河边游览美景,那一眼望不到头的春色全都焕然一新。诗人不知不觉就感受到了春风拂面的气息,那百花盛开、群芳争艳的绚丽景色,是这春天里最美好的风光。

"万紫千红"这个成语就出自此诗,本来是指百花齐放、色彩绚丽的春天景色,后来也用来形容事物丰富多彩,或者是事业繁荣兴旺。比如说,"正是因为有了这么多博物馆人的共同努力,才有了今天博物馆事业的万紫千红"。

> 春 日
> 南宋·朱熹
>
> 胜日寻芳泗水滨,
> 无边光景一时新。
> 等闲识得东风面,
> 万紫千红总是春。
>
> 这是作者朱熹在宋光宗绍熙五年(1194年)出任湖南安抚使时,在岳麓书院讲学时所写的。

延伸

在春秋以前,人们认为,最重要的颜色是黄色、红色、青色、白色和黑色这五种颜色,并把它们叫作"正色",而紫色并没有受到重视。直到春秋五霸之一的齐桓公,他爱穿紫色的衣服,因此紫色的地位逐渐地提高起来,成为身份显赫的高官们会用到的颜色。

三国时代的魏文帝曹丕,在采纳九品中正制的同时,也开了用不同的颜色来区别官员不同品级的先河,主要用到的就是紫色、红色和绿色。这项制度真正初步形成是在隋朝,五品以上的官员穿的都是紫色的官服。

唐朝时,虽然延续了隋朝的制度,但还是有些变化的。文武百官中,三品以上的官员穿紫色官服,四品和五品官员穿红色官服,六品和七品官员穿绿色官服,

隋朝官服制度

八品和九品官员穿青色官服。不同品级官员所使用的色彩还有深浅的差别。

唐代的白居易写过一首很有名的诗，叫作《琵琶行》，最后有这么一句："座中泣下谁最多，江州司马青衫湿。"因为他被贬为了江州司马，官职比较低，所以也就只能穿"青衫"了。

宋元时期，基本上延续了前朝的制度，还是用紫色、红色和绿色这三种颜色来区分官员的品级。到了明代，红色成了官服中最尊贵的颜色，当时规定，一品至四品官员能穿红色官服，五品至七品官员穿青色官服，八品至九品官员穿绿色官服。

紫色在西方世界也很受重视。比如，腓尼基人就很擅长制作紫红色的

腓尼基人

想想看：除了颜色之外，古代官员身上还有什么标志能够区分品级和地位呢？

衣料，甚至连"腓尼基"这个名字都是紫红色的意思。还有古罗马时代的皇帝和元老院的元老们也会穿紫色的衣服。再后来，一些宗教也把紫色当作很尊贵的颜色。

为什么会这样呢？其实，不仅因为紫色是一种很特别、很有魅力的颜色，能够给人一种神秘的感觉，更重要的是，制作这种颜色需要用非常稀有的珍贵颜料。

在中国，人们常用的是一种叫作"紫草"的植物根部，可以染出浓淡不同的紫色。而在西方，制作的原料就更珍贵了，用的是一种贝壳里的分泌物，它不溶于水，染在衣料上暴晒之后，就会变得很牢固，不容易褪色了。

文物

既然紫色如此珍贵，那么在我国古代，它们都被用在哪些地方呢？接下来，我们就通过收藏在博物馆里的文物，来了解一下。

第一件文物，是收藏在秦始皇帝陵博物院的彩绘御手俑。2014年出土时，这件御手俑已经是碎片了。文物工作者把上百块残片拼起来之后，才有了我们现在看到的形象。

在他袖子的位置有一片非常鲜亮的紫色。不过，这里的紫色可不是从植物中提取的，而是以一种叫作硅酸铜钡的矿物质为原料，进行人工合成后得到的。据专家们研究，要合成这样的紫色可不容易，需要把好几种物质混合在

彩绘御手俑（秦始皇帝陵博物院）

一起,然后在 1000 摄氏度的高温下进行反应才能得到,人们把这种紫色叫作"汉紫",也称"中国紫"。这样看来,两千多年前的秦人可真了不起。

第二件文物是收藏在故宫博物院的《张果老见明皇图》。这幅画是由元代画家任(rén)仁发所作,距今有八百多年的历史了,画的内容是传说中"八仙"之一的张果老和他的弟子一起谒见唐明皇李隆基的故事。

在这幅画的右半部分,有一位老者坐在绣墩上,身穿青色的袍子,面带微笑,他就是张果老。在他的对面,坐着一位身穿黄袍的人,头微微地低着,看向张果老身前的地面,他就是唐玄宗李隆基,人们也常常叫他唐明皇。

在张果老的右侧,站立着一位官员,他身穿紫色的袍子,头戴黑色的官帽,腰上系着玉带,脚上还穿着靴子。根据这位官员的装束,再结合唐代的官服制度来判断,他应该是一位品级在三品以上的高级官员。

> 想想看:
> 在兵马俑的身上,你还能够找到什么颜色呢?他们作为军队里的士兵,不需要统一着装吗?一起动手查查资料,寻找问题的答案吧!

任仁发《张果老见明皇图》卷(故宫博物院)

其实，历朝历代对官服颜色的规定，不仅能够体现礼法制度的完善，还能够展现出中国古代手工业技术的成熟。这些服饰的色彩成为现今考古学家和历史学者考证的重要参考之一。

罄竹难书

估计很多小朋友都知道，在纸张没有广泛应用之前，不同国家的先民会想出很多办法来书写，比如画在泥板上、写在羊皮卷上、刻在石头上等。中国的先民曾经把字写在竹简和木牍上，因为这两种载体能够保留很长时间，因此，就留下了很多和竹简、木牍相关的成语。今天我们要学习的就是其中一个，叫作"罄竹难书"。

出处

"罄竹难书"出自《旧唐书·李密传》。话说隋朝末年,有位大英雄叫李密,他生于贵族家庭,文武双全,很有谋略。那时,隋炀帝大兴土木,不断用兵,百姓们的生活苦不堪言,各地的人民纷纷起义反抗,一时间农民起义席卷全国。起义军当中,实力最强的是河南的瓦岗军。李密投奔瓦岗军,成为他们的首领。他发表了一篇声讨隋炀帝的檄文,列举出隋炀帝的十大罪状,其中有一句是:"罄南山之竹,书罪未穷;决东海之波,流恶难尽。"

这句话的意思是说:就算是用完了南山的竹子做成的竹简,也写不完隋炀帝的罪状;就算是决开了东海的水,也洗不尽隋炀帝的罪恶。这里的"罄",是穷尽、用尽的意思。

想想看:
关于竹简的成语还有不少,比如"韦编三绝",你知道是什么意思吗?

罄竹难书

"罄竹难书"原本是说要写的事情实在太多，写不过来，后来多用来形容人的罪行特别多，写也写不尽。比如："日本侵略军在侵华战争中犯下的罪行简直是罄竹难书啊！"

延伸

简牍，是竹简与木牍的统称，虽然它们都是用来书写的，但有着很大差别。"简"指的是狭长的竹片或木片，宽度一般在5毫米到1厘米，只能写一到两行字。竹简削好后，需要经过特殊的加工程序才可以使用，最重要的一步就是在打磨之后放在火上烤，这叫作"杀青"。这样做的目的，一方面是防虫，另一方面是更好地留住墨迹。

"牍"也是用来写字的木片，但是比简要宽一些、厚一些，能够写更多的内容。过去常说的"尺牍"其实就是书信的意思。

简和牍最大的区别是：简的竹片狭窄，只能编辑成册后使用，而牍因为宽厚，可以单独使用。

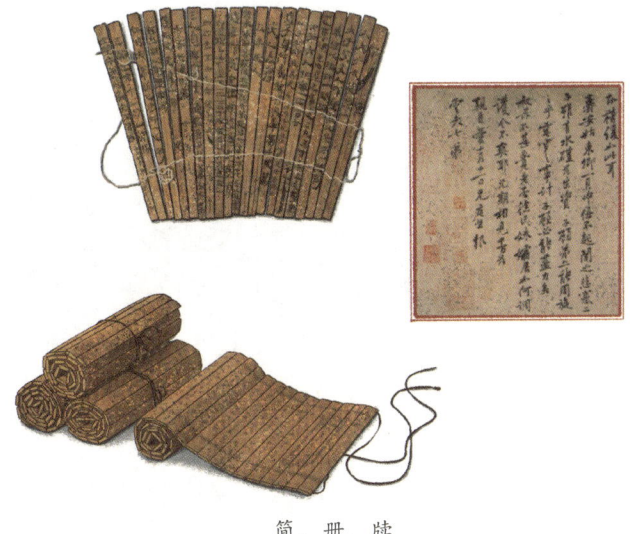

简、册、牍

文物

我们要介绍的第一件文物就是著名的睡虎地秦简。湖北省云梦县的睡虎地秦简，是秦代时一位叫喜的官员的陪葬品。喜是一个勤恳又热爱工作的"公务员"，睡虎地秦简是他生前从事地方行政管理时抄写的法律文书，和他一起埋在了地下，文书的内容主要就是当时的法律制度。在商鞅变法之后，秦国通过完善而严苛的法律制度一统天下，并在国家运行过程中严格遵循。在这些制度中，有一些很特别的规定。比如，《田律》里提到了自然保护，朝廷还专门设立了自然保护区，如果狗进去捕猎是要被打死的。秦代的司法审判程序也很完善，百姓先去报案，官府受理之后，到案发现场侦查或者直接去抓捕嫌疑人，然后进行审讯，再核实口供，最后按照法律定案，案件经过也会被完整记录下来。睡虎地秦简里还有关于刑侦手段的记载，比如利用脚印来判定人的身高、体重等，和现代的侦破方法几乎一模一样，是不是很厉害呢？

云梦睡虎地秦简（湖北省博物馆）

还有一批比秦简年纪略小一些的简,那就是居延汉简。居延是一处古地名,唐代诗人王维就曾在《使至塞上》中写道:单车欲问边,属国过居延。20世纪30年代,人们在这里发现了一批珍贵的汉简,总共有一万多枚,大都是木简,竹简比较少。简上的内容是汉代时边塞屯兵戍守的档案,包括官员乃至小兵的年龄、籍贯、身高、肤色等,还有一些书籍和信件等资料,这些文物让我们对汉代边疆军士们的生活有了清晰的了解。

汉代时,在西北部边疆的长城上修建了烽燧——就是我们常说的烽火台,白天生烟叫作"燧",夜晚放火叫"烽",可以用来传递信息。每个烽燧里都驻扎着军士,居延汉简档案里居然还记载了每个烽燧有多少人,随军有多少家属,每月发多少粮食等,对于军士们每天的工作也有记载。

居延汉简的出土,就其价值而言,可当之无愧地列为中国档案界20世纪的"四大发现"之一。

居延汉简(甘肃简牍博物馆)

丢盔弃甲

周末，小朋友经常会跟着爸爸妈妈去户外郊游，跋山涉水，玩得不亦乐乎。结束时，大家都很疲惫，难免会丢了帽子少了水壶，像个逃兵一样。大人们见到这个场景，就会说："看这孩子累得，简直是丢盔弃甲！"为什么会这么说？我们一起来探索一下。

出处

关于"丢盔弃甲"的说法,早在《孟子·梁惠王上》里就出现了,文中说:"弃甲曳兵而走。"这句话中的"弃",就是丢弃的意思,"甲"指的是铠甲,"曳"就是拖拽着,"兵"自然就是兵器了,古代的"走"是跑的意思。所以,这句话说的是"丢掉铠甲,拖着兵器,狼狈逃跑的样子"。

到了现代,有些文学家就把这样的场面简化成了"丢盔弃甲"。"盔",是指作战时用来防护的头盔。"丢盔弃甲"的意思就是丢掉头盔、抛掉铠甲,用来形容吃了败仗之后溃败逃跑的样子。

现代作家杜鹏程在他的著名中篇小说《在和平的日子里》中写道:"他在办公室里被各种意外情况搞得丢盔弃甲,狼狈不堪的样子。"再比如可以说:"这仗打得漂亮,敌人一个个丢盔弃甲,仓皇而逃。"

丢盔弃甲

古代的盔甲，也叫作"甲胄"，其实包含两个部分：身上穿的叫作"甲"，头上戴的叫作"胄"。

在冷兵器时代——也就是在火药被发明和应用于战争之前，常用到的兵器是刀、戈、矛之类的作战工具。在作战的时候，甲胄可以保护将士的身体不被刺伤，有着非常重要的防护作用。如果对战的双方分别使用不同颜色或者形制的甲胄，在混战中，就能很容易分别出谁是敌人了。

甲胄的历史非常悠久。早在春秋时期，因为战争频繁，甲胄的制作就已经被人们重视起来。到了战国时期，甲胄的重要性更是提升到了国家法律的高度。比如在秦国，就严禁民间私造兵器，把甲胄归属到政府统一管理。

明代甲胄

考古发掘出的很多战国时期各国的甲胄，在样式、尺寸、结构，甚至是甲片的数量方面都几乎相同。这也说明，当时甲胄的制作是统一组织的。这样做的好处是，如果哪块甲片坏掉了，需要修补的话，就会非常方便。

最早人们用皮革来制甲。到了秦汉时期，冶铁技术蓬勃发展，人们发现铁甲能更好地防御敌人。但一个新的问题出现了：铁甲太沉了，如果打仗时穿铁甲，将士们身体的灵活性就下降了许多。

延伸

因此到了宋代，人们又发明了柳叶甲和鱼鳞甲，它们独特的形状和结构，既能保护士兵的身体，又轻便灵巧，大大提高了军队的战斗力。明清时期，甲胄得到了进一步的发展。有兴趣的话你可以查查资料，看看那时的甲胄用的是什么材料。

文物

我们要介绍的第一件文物，是来自战国时期的皮革甲胄，这些甲胄发现于湖北随州的曾侯乙墓，距今已经有两千多年的历史了。

皮革甲胄，是把各式各样的甲片用特制的带子编缀起来的，甲片是皮制的，外表涂了漆。因为时间太过久远，大部分甲片的皮胎基本上都已经腐烂掉了，只剩漆壳保存下来。考古学家们根据少量遗留下来的皮革上毛孔的排列形迹推测，皮甲的原材料很可能来自南方水牛。

值得注意的是，这些甲胄皮并不是简单的扁平状，在裙片、袖片、胸甲片上会有各种各样的弧度、折起、压边。同时，许多相同形式的甲片规格大小基本统一。所以专家们推测，甲胄皮很可能是用防水的青铜模具压制出来的。

> 想想看：为什么要在甲胄皮的外面涂上漆呢？

接下来我们要看的这件文物可不一般，它是乾隆皇帝的大阅甲胄，也就是乾隆皇帝在举行大型阅兵典礼的时候穿戴的。

曾侯乙皮甲胄（湖北省博物馆）

这套甲胄分成上衣、下裳、护肩等很多个部分。上衣是在明黄色的缎子上绣有五彩祥云和金龙；在甲衣的正中间，还有一面小镜子，这面镜子是钢制的，它有个很特别的名字，叫作"护心镜"；甲胄的下半部分既不像裙子，也不像裤子，分成左右两个部分，腰部用布连起来，更像一条很宽松的裤裙。

想想看：
为什么要把甲胄的下半身设计成这种形状呢？

黄色缎绣金龙纹铜钉乾隆帝御用棉甲（故宫博物院）

图书在版编目（CIP）数据

成语里的文物 / 张鹏，王辰阳著；红方块工作室绘 . -- 武汉 ：长江文艺出版社，2022.11

ISBN 978-7-5702-2929-1

Ⅰ.①成… Ⅱ.①张… ②王… ③红… Ⅲ.①汉语 – 成语 – 中小学 – 教学参考资料 Ⅳ.① G634.303

中国版本图书馆 CIP 数据核字（2022）第 184739 号

成语里的文物
CHENGYU LI DE WENWU

张鹏　王辰阳 著　红方块工作室 绘

选题产品策划生产机构 | 北京长江新世纪文化传媒有限公司

| 总 策 划 | 金丽红　黎　波
| 责任编辑 | 王赛男　　　　　　装帧设计 | page 11　　　　媒体运营 | 刘　冲　刘　峥　洪振宇
| 助理编辑 | 王枫婕　范秋明　　内文制作 | 张景莹　　　　责任印制 | 张志杰　王会利
| 法律顾问 | 梁　飞　　　　　　版权代理 | 何　红

| 总 发 行 | 北京长江新世纪文化传媒有限公司
| 电　　话 | 010-58678881　　　　　　　　传　　真 | 010-58677346
| 地　　址 | 北京市朝阳区曙光西里甲 6 号时间国际大厦 A 座 1905 室　　邮　编 | 100028

| 出　　版 | 长江出版传媒　长江文艺出版社
| 地　　址 | 湖北省武汉市雄楚大街 268 号湖北出版文化城 B 座 9-11 楼　　邮　编 | 430070
| 印　　刷 | 天津盛辉印刷有限公司
| 开　　本 | 889 毫米 ×1194 毫米　1/24　　　　　　　　　　印　张 | 11.5
| 版　　次 | 2022 年 11 月第 1 版　　　　　　　　　　　　　　印　次 | 2022 年 11 月第 1 次印刷
| 字　　数 | 200 千字
| 定　　价 | 68.00 元

盗版必究（举报电话：010-58678881）

（图书如出现印装质量问题，请与选题产品策划生产机构联系调换）